Alice Grünfelder

Wird unser Mut langen?

Ziviler Ungehorsam für den Frieden

Alice Grünfelder

Wird unser MUT langen?

ZIVILER UNGEHORSAM FÜR DEN FRIEDEN

Ein Essay

Inhalt

Sorglos

Kaum vorstellbar. Auch heute noch, nach knapp vierzig Jahren. Ein Jugendlicher streunt durch die Wälder und über die Heide, er nimmt alles mit, was dort so herumliegt, leere Patronenhülsen, verbeulte Schilder, abgewetzte Taschen, und schleppt es in den Keller der Eltern, die deswegen schon anfangen zu murren. Eines Tages findet er in einer Plastiktüte Namenslisten von Offizieren, die Zugang zu »nuclear positions« haben, und Dienstanweisungen für den Transport atomarer Raketenköpfe. Wo die Nuklearsprengköpfe der Pershing I und später Pershing II gelagert werden, scheint mit diesem Fund bestätigt: auf der Mutlanger Heide bei Schwäbisch Gmünd. Am Rand der Schwäbischen Alb. Ende der 1970er-Jahre.

Die Pershing I, eine mit Atomsprengköpfen bestückte Rakete, wurde 1958 entwickelt. Namensgeber war General John Pershing, der am letzten Tag des Ersten Weltkriegs trotz Kapitulation der deutschen Reichswehr eine deutsche Stellung angriff, »Krieg spielte«, was allerdings lediglich von einer Kommission geprüft und wieder fallen gelassen wurde. Die Rakete erhielt dennoch seinen Namen. Und weil in Schwäbisch Gmünd amerikanische Truppen stationiert und die heimischen Wälder geradezu ideal dafür waren, ganze Raketeneinheiten zu verstecken, kam die Pershing I in den 60er-Jahren nach Gmünd – mit einer Sprengkraft dreimal stärker als die der Hiroshima-Bombe. Das Hauptquartier des Pershing-Kommandos wurde im Keller der Bismarck-Kaserne untergebracht.

Und hier befanden sich später in den 80er-Jahren die »roten Knöpfe« für den Start und die Zielvorgaben der insgesamt 108 Pershing-II-Raketen, hier stand man in ständigem Kontakt mit dem NATO-Hauptquartier und dem Pentagon, hier hätte man per Knopfdruck binnen Minuten ganz Osteuropa in Schutt und Asche legen können. Schwäbisch Gmünd lag also seit Jahrzehnten in der Schusslinie der russischen Mittelstreckenraketen. Hochstimmung herrschte in der Behelfskonstruktion im Keller aber nicht erst mit der Ankunft der Pershings, sondern schon beim Einmarsch der UdSSR in die Tschechoslowakei. Bei jeder internationalen Krise stieg die Spannung im Bunker.

Die deutschen und US-Behörden haben seit Ende der 1960er-Jahre die Bevölkerung im Ungewissen gelassen, wo die Nuklearsprengköpfe tatsächlich lagerten. Als über den Fund in der Plastiktüte später in der Lokalzeitung berichtet wurde, interessierte sich nur eine kleine Minderheit dafür.

Mutlangen war nicht das kleine gallische Dorf, das sich gegen eine übermächtige Armee wehrt, hier und auch unten im Tal, in der Stauferstadt Schwäbisch Gmünd, hatte man sich all die Jahre gut mit der US-amerikanischen Besatzung arrangiert. Die amerikanischen GIs gehörten zum Stadtbild, die Gmünder waren fast ein wenig stolz auf ihre Amerikaner, vor allem als Repräsentanten eines Landes, das unbegrenzte Möglichkeiten verhieß. Ich erinnere mich, dass man immer dann von einem »Onkel aus Amerika« sprach, wenn jemand über Nacht reich wurde – oder was man damals Anfang und Mitte der 70er-Jahre eben als Zeichen von Luxus wahrnahm: Transistorradios, von den GIs in einer bestimmen Ecke des Freibads laut aufgedreht, amerikanische Straßenkreuzer vor dem damals legendären Café Margrit, in dem jeder verkehrte, der etwas auf sich hielt. Und stolz waren damals die Mädchen und Jungen, die wegen irgendwelcher Beziehungen in den amerikanischen Supermärkten einkaufen durften und gleich die ganze Verwändtschaft versorgten mit Schokolade, Erdnussbutter, Whisky und besonders reißfesten Nylonstrumpfhosen.

Wenn die Mutlanger Heide und oben auf dem Hardt auf der anderen Seite des Tals die Kasernen und Zäune ihre Tore öffneten, durften Kinder per Knopfdruck schon mal eine Rakete gen Himmel richten, wurden von amerikanischen Soldaten huckepack genommen, ein Lachen und Jauchzen aus Kinderkehlen. Die Szenen findet man noch heute in Familienalben. Zum amerikanischen Unabhängigkeitstag am 4. Juli gabs ein funkellichterlohes Feuerwerk für die bis zu 5000 Amerikaner, an dem sich auch die Gmünder nicht sattsehen konnten. Und an Weihnachten luden Hunderte Familien schon mal einen oder zwei GIs ein, um die deutsch-amerikanische Freundschaft unterm Tannenbaum zu feiern, die sich auch monetär auszahlte: Tausende Soldaten waren Mieter, die amerikanische Armee vergab lukrative Aufträge und war ein wichtiger Arbeitgeber in der Region, amerikanische Soldaten waren als Kunden aus den Gmünder Geschäften nicht mehr wegzudenken. Als 1980 ein McDonald's ins Herz der schwäbischen Altstadt zog, war der American Way of Life endgültig angekommen. Aus der einstigen Besatzungsmacht war in den Augen vieler ein bewunderungswürdiger großer Bruder geworden.

Hinter vorgehaltener Hand aber wurden die amerikanischen Kinder geschmäht, gezeugt von Soldaten, die bald wieder zurückgehen würden. Die einheimischen schwangeren Frauen hatten sie sitzengelassen.

Auch wenn man beispielsweise in meiner Familie den Amerikanern keineswegs wohlgesonnen war, gab es doch keinen Protest gegen die Stationierung der Raketen. Warum kann ich mich nicht an Demonstrationen, Menschenketten und Schweigekreise erinnern, an erste Blockaden und Ostermärsche, kann keine Antworten geben, wenn ich neuerdings immer wieder gefragt werde, wie es damals im Friedenscamp und auf der Mutlanger Heide war, wie man dort überhaupt leben konnte? Warum habe ich das alles ausgeblendet, vergessen, nicht wahrgenommen? War ich mit 18, 19 Jahren zu jung dafür? Heute frage ich mich, ob in der Friedensbewegung von damals Antworten für die Lösungen weltweiter Konflikte zu finden sein könnten. Versuche, eventuell Übersehenes sichtbar zu machen. Für mich. Für andere.

Pazifismus ist eine Bedrohung

Die Friedensbewegung in Mutlangen hat eine Vorgeschichte, auch wenn die fernab in Schwäbisch Gmünd wohl kaum wahrgenommen wurde. Widerstand gegen Militarisierung und Krieg gab es bereits seit Mitte des 19. Jahrhunderts. Im Jahr 1850 wurde der erste Friedensverein in Königsberg gegründet, weitere Vereine existierten nicht lange; zu ungünstig war die Zeit, zumal Deutschland den deutsch-französischen Krieg 1870/1871 gewann und den Krieg damit als strategisch legitimes Mittel bestätigte.

Die Chronik der deutschen Friedensbewegung liest sich wie eine Geschichte von Demütigung und Verachtung: Rudolf Virchow war nicht nur Arzt, sondern engagierter Pazifist und wurde als solcher von den bürgerlichen Parteien angegriffen; dem Schriftsteller Walter Mehring machte man immer wieder den Prozess, später verbrannte man seine Bücher, um nur zwei Beispiele zu nennen. Als am 1. Mai 1916 vor dem Brandenburger Tor skandiert wurde: »Nieder mit dem Krieg, nieder mit der Regierung«, verurteilte man Walter Liebknecht und Rosa Luxemburg wegen Landesverrats, Ungehorsams und Widerstands gegen die Staatsgewalt.

Auch die Dolchstoßlegende, wonach Linke und Sozialdemokraten während des Ersten Weltkriegs das Heer von hinten erdolchten und dadurch die Kapitulation Deutschlands herbeiführten, gehört zur Verschwörungstheorie des Militärs und zieht sich ansatzweise bis in die 1980er-Jahre, als man der Friedensbewegung vorwarf, sie zersetze die Wehrfähigkeit der deutschen Bundeswehr.

Zeitschriften, die sich für Pazifismus und Antimilitarismus einsetzten, wurden während der Weimarer Republik mit Strafverfahren eingedeckt. In der August-Ausgabe 1931 der *Weltbühne* sorgte Kurt Tucholsky mit einer Glosse für Aufregung. Unter dem Pseudonym Ignaz Wrobel schrieb er u. a.: »Da gab es vier Jahre lang ganze Quadratmeilen Landes, auf denen war der Mord obligatorisch, während er eine halbe Stunde davon entfernt ebenso streng verboten war. Sagte ich: Mord? Natürlich Mord. Soldaten sind Mörder.«[1] Für den Prozess im Juli 1932 wurde der verantwortliche Redakteur der *Weltbühne,* Carl von Ossietzky, aus der Haftanstalt vorgeführt, weil er dort wegen eines anderen Prozesses noch seine Strafe absaß. Tucholsky blieb in Schweden, denn Freunde hatten ihn vor den Nazi-Kommandos gewarnt. Allerdings hatte er genügend Material nach Berlin geschickt, um sich zu entlasten. »Als [Tucholskys Verteidiger] Olden die Fülle der Zitate von Laotse, Erasmus, Voltaire, Kant, Goethe, Klopstock, Herder, Raabe und vielen anderen vortrug, in denen Soldaten Mörder, Henker und Schlächter genannt wurden, verschlug es dem Staatsanwalt die Stimme.«[2] Keine dieser Äußerungen war je zuvor von einem Richter geahndet worden. Carl von Ossietzky wurde freigesprochen. Wegen seiner pazifistischen Überzeugung wurde er jedoch 1933 abermals verhaftet und erhielt 1935 in Abwesenheit – weil er im Gefängnis saß – den Friedensnobelpreis.

Wegen Tucholskys Zitat sollten in den 1980er-Jahren wieder Pazifisten vor Gericht stehen, so als habe es das Berliner Urteil nie gegeben. Und wieder empörte man sich, als das Frankfurter Landgericht einen Arzt freisprach, der sich auf Tucholsky berief und Soldaten Mörder nannte. Tatsächlich waren T-Shirts und Aufkleber mit diesem Zitat populär, wie man auf Fotos der damaligen Zeit sieht. Die Strafgerichte fällten Urteile im Sinne der CDU-Empörung, bis 1995 das Bundesverfassungsgericht klar Position bezog: Unter dem Zitat stand eindeutig in Faksimile die Unterschrift Kurt Tucholskys, die sogenannten »Soldatenurteile« seien nichtig. Im selben Jahr hob das Bundesverfassungsgericht auch all jene Urteile auf, die gegen Mutlanger Friedensaktivisten gefällt worden waren.

Warum dieser Exkurs, all diese historischen Fakten? Ist es nicht verwunderlich, dass die Kriminalisierung der Friedensbewegung immer nach demselben Muster abläuft, die Argumente gegen Menschen, die sich für den Frieden einsetzen, auch vor Ort in Mutlangen und später bei den unzähligen Prozessen vor Gmünder Richtern gebetsmühlenartig wiederholt werden? Der schlimmste Gegner oder zumindest die zweitschlimmsten waren offensichtlich noch immer die in der eigenen Bevölkerung. Als Pazifisten getarnt, versuchten sie, dem Feind in die Hände zu spielen und die eigene Wehrfähigkeit auszuhöhlen. Dass vielmehr die Kriegsaktivisten diejenigen waren und sind, die dem eigenen Volk Schaden zufügen, wird nach wie vor von staatlicher Seite gedeckt.

Dass in Strafurteilen und Diffamierung der Friedensaktivisten die ökonomischen Verflechtungen von Politik und Rüstungsindustrie stets außen vor gelassen werden, überrascht bei den herrschenden politischen Verhältnissen nicht weiter. Dass bei den jüngsten UNO-Verhandlungen im März und Juni/Juli 2017 zum Verbot der Atomwaffen ausgerechnet Deutschland und die meisten NATO-Staaten gegen die Resolution gestimmt haben, erstaunt nicht angesichts der Kriegsrhetorik der letzten hundert Jahre.

Und wieder argumentieren Kriegsgegner vergebens, dass Atomwaffen mit dem humanitären Völkerrecht nicht vereinbar seien und es im Falle des Falles keine angemessenen Krisenreaktionsmechanismen gebe.[3] Und wieder ist es eine Handvoll Unermüdlicher, Vertreter der Mutlanger Friedenswerkstatt Wolfgang Schlupp-Hauck und der »Mayors for Peace« (Bürgermeister für den Frieden), die beispielsweise im Ostalbkreis auf diese UNO-Verhandlungen aufmerksam machen.

Aufrüstung vor Ort

Weil US-amerikanische Truppen während des Koreakriegs (1950–53) empfindliche Verluste auf der koreanischen Halbinsel hinnehmen mussten, rüsteten sie sich am anderen Ende der Welt präventiv. Diese Zusammenhänge wurden mir allerdings erst bei einem Spaziergang mit Freunden vor ein paar Jahren klar. Im Wald oberhalb des Lindenfelds in Bettringen (heute ein Stadtteil von Schwäbisch Gmünd) kamen wir an etlichen Bunkern vorüber: verlassene Hallen, zubetonierte Betonbunker, Schauplätze für einen überdrehten Kriegsfilm? Berüchtigte Partys wurden hier einst gefeiert, die Dorfjugend versammelte sich zum Kiffen und überhaupt … Heute fühlen sich offensichtlich nur noch Fledermäuse wohl und haben ein schützenswertes Zuhause gefunden, wie auf Schildern zu lesen ist.

Später ging ich erneut an einem verregneten Tag zwischen Weihnachten und Neujahr den Waldweg zur »Kriegsebene« hinauf, wie diese Gegend genannt wird. Wegen der Bunker oder vorher schon? Knapp die Hälfte der 28 Bunker ist heute noch begehbar. Vor dem Betreten wird gewarnt, die meisten Bunker sehen baufällig aus, auf manchen wachsen Bäume. Eingänge sind halb verschüttet oder versteckt hinter Büschen. Die Schritte hallen gedämpft wider. An den Wänden Graffitis und Herzchen, in mancher Ecke Spuren von Lagerfeuern.

In einer Sonderausstellung zum Bunkerwald, die das Heimatmuseum Waldstetten 2011 organisierte,[4] ist zu lesen, dass die US-amerikanische Besatzungsmacht in Schwäbisch Gmünd und Umgebung ein zügiges Tempo an den Tag legte, um die militärischen Stützpunkte auszubauen. Zwischen 1952 bis 1954 wurden die Bunker angelegt, bis zu 60 Arbeiter seien damit beschäftigt gewesen. Um auch in Schwäbisch Gmünd gegen »den Russ« gewappnet zu sein, wurde bei Tag und Nacht gebaut. Einheimische boten in einer eigens eingerichteten Kantine auf dem Bauplatz Vesper und Mittagessen an, ein Bauer sorgte fürs Abendessen, untergekommen waren die Bauleute in Privatquartieren. Damit die Bunker für feindliche Flieger nicht einsehbar waren, wurden abschließend Bäume und Gestrüpp gepflanzt – Bauerntöchter aus dem Ort übernahmen für 30 Pfennig pro Stunde diese Arbeiten. Was in den Bunkern gelagert wurde, blieb geheim. Immer wenn Einheiten aus der Nachbarstadt Göppingen mit ihren Panzerkonvois durch Waldstetten hoch zum Bunkerwald rasselten, wackelte das Rathaus. Nächtliche Schießübungen raubten den Menschen den Schlaf. Der gesamte Höhenrücken zwischen Weiler, Bettringen und Waldstetten war fortan offiziell Verbotszone, kilometerweit zog sich ein Zaun mit Stacheldraht quer durch den Wald.

Während der Stationierung der Pershing-II-Raketen tauchte immer wieder das Gerücht auf, in den Bunkern wären atomare Sprengköpfe gelagert, was Historiker verneinen. Das mag und kann man sich heute kaum vorstellen, so baufällig sind diese Bunker. Und 1987 rutschte denn auch der ganze Hang ab. Hatten die amerikanischen Bauherren womöglich nicht nur Bunker gebaut, sondern den ganzen Hügel ausgehöhlt?

Erst vier Jahre nach Unterzeichnung des Abrüstungsvertrags, der zum Abzug der Pershings führte, wurden auch die Bunker geräumt und die Zäune abgebaut. Doch der aufmerksame Spaziergänger sieht die Absperrungen noch heute, die Betonpfeiler entlang der »Hauptstraße«, auf der damals die schweren Fahrzeuge ihr Material nächtens aus- und wieder zurückfuhren. Und die leeren Hallen wirken heute nur noch gespenstisch.

Wie lange die Bunker wirklich genutzt wurden und was tatsächlich gelagert wurde, bleibt bis heute unklar. Klar ist jedenfalls, dass die amerikanische Armee die Zeit für sich nutzte und sich als

Besatzungsmacht einnistete. Ausgerechnet Mutlangen sollte aufgerüstet werden, das von allen Gemeinden im Kreis Schwäbisch
Gmünd im Zweiten Weltkrieg am meisten unter der amerikanischen Invasion gelitten hatte. Denn auf der Mutlanger Heide gab
es schon seit dem 19. Jahrhundert einen Flughafen, der während
des Dritten Reichs zum Stützpunkt ausgebaut worden war. Zudem hatte in Mutlangen kurz vor Ende des Kriegs der Volkssturm
zwischen Gmünd und Spraitbach Straßensperren angelegt. Der
Bürgermeister machte den zuständigen Offizier vergeblich darauf
aufmerksam, dass diese Aktivitäten den Untergang des Dorfes
herbeiführen könnten. Kurzerhand packten die Mutlanger ihre
Siebensachen und flohen vor den Amerikanern ins Haselbachtal.
Durch dieses Tal zog viele Jahrzehnte später ein Fastenmarsch,
dieses Mal aber, um der amerikanischen Militärmacht die Stirn
zu bieten. Nach dem Krieg wurden in einer Holzbaracke auf dem
Flugfeld die ausgebombten Mutlanger Familien und Flüchtlinge
aus dem Osten Europas untergebracht. Und wegen der allgemeinen Lebensmittelknappheit baute man Gemüse an. Im Jahr 1951
übernahmen die US-Militärstreitkräfte die Mutlanger Heide, in
anderen Gemeinden (Weiler, Bettringen und Waldstetten) kam
es zu zahlreichen Enteignungen. Als Landrat Burkhardt sich bei
einer Sitzung über diese erheblichen Anforderungen an Grund
und Boden beschwerte und darauf hinwies, dass bäuerliche Exis-
tenzen davon betroffen sein könnten, erwiderte die amerikanische Seite trocken: Es handle sich nicht um Enteignung, sondern
Beschlagnahmung.[5]

Man muckte also auf, ließ sich aber vieles gefallen – wohl oder
übel, würden im Nachhinein deutsche Behördenvertreter sagen.
Doch beinahe wäre es in Mutlangen schon Mitte der 1950er-Jahre
zum Eklat gekommen. Schwere Fahrzeuge walzten auf der Straße
Richtung Fluggelände Gehsteige und Kanäle zusammen. Die Anwohner setzten 1954 ein Protestschreiben gegen die »Dreck- und
Seengasse« auf und drohten mit einer Blockade, die dann die
erste in Mutlangen gewesen wäre. Der damalige Bürgermeister

Hartmann beschwerte sich beim Amt für Besatzungsleistungen in Stuttgart mit markigen Worten. »Meine Bürger, die mit ihren Häusern an die fragliche Straße angrenzen, bezahlen so lange keine Steuern mehr, bis dieser unmögliche Zustand behoben ist.«[6] Die Verweigerung von Steuerzahlungen als Protestform hat indes der amerikanische Bürgerrechtler H. D. Thoreau vor mehr als hundert Jahren gefordert. Wusste der Bürgermeister, in wessen Fußstapfen er trat und dass Thoreau den Mutlanger Friedensaktivisten als Vorbild des zivilen Ungehorsams gelten sollte?

Da er nie eine Antwort erhielt, schrieb er direkt an US-Senator Leon H. Gavin. Das Schreiben wirkte Wunder, die Straße wurde ausgebessert, die Mutlanger waren zufrieden. Nicht aber der Bürgermeister. Denn 1956 wurde der Bau von zwei »Lagerschuppen« auf der Mutlanger Heide angekündigt, doch Hartmann war misstrauisch. Bei der Besichtigung mit Vertretern des Sonderbauamts Stuttgart, die verschiedene Messungen auf der Heide vornahmen, fiel dem Bürgermeister auf, dass die Schuppen nur neunzig Meter auseinanderliegen sollten. Dies hat ihn in seinem Verdacht bestärkt, dass hier keine Lagerschuppen, sondern Munitionsdepots gebaut werden sollten. »Ich habe dem Herrn vom Sonderbauamt erklärt, dass ich mich noch für dumm halten lasse, aber nicht für saudumm.«[7] Hartmann schimpfte, schließlich sei es nicht egal, ob in Mutlangen ein Lagerschuppen oder ein Munitionsdepot gebaut werden solle. Er drohte auch damit, die Presse zu informieren. Doch der Protest wurde ignoriert, das Munitionsdepot heimlich gebaut. Die zwei Betonkästen sind bis heute erhalten und mit Graffitis besprayt.

Friedensbewegung
ist Staatsgefährdung

Wie viel Leid Krieg brachte und wie verächtlich Pazifisten während der Weimarer Republik behandelt wurden, hatte man kurz nach dem Zweiten Weltkrieg schon wieder verdrängt. Pragmatisch forderte Konrad Adenauer die Wiederbewaffnung der BRD, woraufhin das westdeutsche Friedenskomitee als Teil der Weltfriedensbewegung 1949 gegründet wurde. Da bezichtigten Adenauer und die CDU diese Vereinigung als kommunistische UNO – und die Instrumentalisierung durch den Kommunismus war fortan ein gängiges Mittel, um die Friedensbewegung als fünfte Kolonne Moskaus zu verunglimpfen. Gegen die sechs Vorstandsmitglieder des Komitees wurde wegen Rädelsführerschaft in einer kriminellen Vereinigung Anklage erhoben, denn die Staatsanwaltschaft wertete jede Kritik an Adenauer als Staatsgefährdung. Unter der Maske der Gewaltlosigkeit wurden Staatsfeinde vermutet, was für eine Verurteilung ausreichte.[8] Als 1950 der Koreakrieg ausbrach und damit auch die Eiszeit des Kalten Krieges begann, schien die Wiederbewaffnung unausweichlich und die konservativen Parteien erhielten Rückenwind, sodass 1952 – damals noch gegen den Widerstand der SPD – die Aufrüstung beschlossen wurde.

Die Diffamierung und Kommunistenverdächtigung funktionierte in Gmünd und den Dörfern ringsum ebenso. Sybille Oker aus dem Nachbardorf erzählt mir, wie ihr Vater in den 1950er-Jahren als Kommunist verdächtigt wurde, wie er sich zunehmend verfolgt fühlte und später sogar in der Psychiatrie landete. Über ihr schwebte von Kindheit an die stille Drohung: »Sag nix, sonst landest du in der Klapse.« Den Kommunistenvorwurf mussten sich später in den 1980er-Jahren in Gmünd auch die Friedensaktivisten wieder gefallen lassen. »Gang doch nüber zu dene«, war wohl einer der meistgehörten Sprüche.

Schon wenige Jahre nach dem Zweiten Weltkrieg gelang es dem deutschen Militär – die Bundeswehr musste für die Wiederbewaffnung größtenteils auf ehemalige Offiziere und Unteroffiziere der Wehrmacht zurückgreifen – auf Endzeitstimmung zu machen und apokalyptische Szenarien heraufzubeschwören. Medien und CDU-Politiker schürten zudem die Angst vor den Friedensbewegten – der Feind saß auch in den eigenen Reihen – und machten doch selbst jahrelang Politik mit der Angst »vor dem Russ«.

Gleichwohl war es die Wiederbewaffnung, die den Grundstein für die Friedensbewegung nach dem Zweiten Weltkrieg legte. Der Theologe und NS-Widerstandskämpfer Martin Niemöller, der spätere Bundespräsident Gustav Heinemann, der Arzt Albert Schweitzer und der Philosoph Karl Jaspers – um nur einige Namen zu nennen – traten öffentlich gegen die Wiederbewaffnung ein und für den »Kampf dem Atomtod!«. Aufsehen erregte 1957 das Göttinger Manifest: Darin warnten 18 Naturwissenschaftler davor, die Bundeswehr mit Atomwaffen auszustatten. Evangelische Synoden und kirchliche Jugendverbände, unterstützt von den Gewerkschaften, formulierten ihren Widerstand gegen Aufrüstung und Wehrpflicht. Die ersten Massendemonstrationen der Friedensbewegung wurden organisiert, die Ostermarschbewegung fasste 1960 auch in Deutschland Fuß.

In der aufstrebenden Bundesrepublik gab es allerdings nur wenig aktiven Widerstand, vielmehr arrangierte man sich, gründete Familien und lebte seinen Alltag neben den Massenvernichtungsmitteln, gleichwohl marschierte man mit bei den Demos und Ostermärschen. Es wurde weiter aufgerüstet und immer effizientere Raketen wurden stationiert. »Wir haben alle etwas getan, aber es hat nicht gereicht, noch nicht gereicht.«[9]

Während des Vietnamkriegs galten Kriegsdienstverweigerer als Geier, Parasiten, von denen sich die Gesellschaft trennen muss, genau wie beim Aussortieren fauler Äpfel.[10] Oder wie es der General in Schwäbisch Gmünd sagte: Man müsse eben auch die mehr oder minder Geistesgestörten verteidigen.[11]

Und in Schwäbisch Gmünd? Mit den Amis hatte man sich arrangiert, die amerikanischen Volksfeste waren jedes Jahr eine Gaudi und die Flugtage auf der Mutlanger Heide ein Höhepunkt. Zehntausende Menschen sahen sich diese Flugschau Jahr für Jahr an, sehr zum Leidwesen eines Pfarrers der Wallfahrtskirche Hohenrechberg, der gegen das amerikanische Teufelswerk predigte, weil so ein Großflugtag mehr Zuschauer anzog als die Kirche, vermutet der Lokalredakteur Heino Schütte.[12] Ende der 1960er-Jahre wurden die Flugshows eingestellt. Nicht etwa aus antimilitaristischen Gründen, sondern weil mittlerweile in Mutlangen ein großes Krankenhaus am anderen Ende des Dorfes gebaut worden war und man sich gegen die Lärmbelästigung wehrte.

Gleichwohl wurde mit dem Vietnamkrieg vieles anders. Der Widerstand gegen die Militärpolitik der USA wuchs, doch man lernte nichts aus dieser Niederlage eines Staates, der bis heute versucht, die Weltpolitik in seinem Sinne zu lenken, stets unter dem Vorwand, Freiheit, Demokratie und die Menschenrechte wieder herzustellen. Was bereits in Korea misslungen war, wiederholte sich in Vietnam und später in Afghanistan und im Irak. Da die Wehrpflicht in den USA unter Druck gekommen war, wurde sie 1973 abgeschafft, was sich u. a. auch direkt in Schwäbisch Gmünd niederschlug. Die freiwilligen Soldaten hatten eine geringere Schulbildung, Lesefähigkeit und IQ nahmen ab, was sich negativ auf die Disziplin der amerikanischen Streitkräfte auswirkte. Deutschlandweit gab es wegen Drogenproblemen und Alkoholismus Hunderte Entlassungen von US-Soldaten, einige davon taten Dienst an taktischen Atomraketen.[13] In Schwäbisch Gmünd beispielsweise waren laut Aussagen der Kriminalpolizei zwei Drittel aller an Drogendelikten Beteiligten US-Soldaten.[14]

Das zunehmende Drogenproblem führte dazu, dass für die Soldaten vor Ort ein spezielles Anti-Drogen-Programm entwickelt wurde.[15] Auch sonst fielen GIs schon mal unangenehm auf: US-Soldaten stahlen an einem Ort zwei Schweine, anderswo ein Huhn, brachen in Wochenendhäuser ein, wurden wegen Drogenhandel verhaftet.[16]

Die Zeitschrift *Gegendruck,* die 1981 gegründet wurde, um einer Gegenöffentlichkeit Raum zu geben, nahm angesichts der zahlreichen Unfälle mit Sattelschleppern und Pershing-Lastern die Herkunft der Soldaten einmal genauer unter die Lupe: Aufgrund mangelhafter Schulbildung und eines fehlenden Schulabschlusses hätten viele der Soldaten keine reguläre Arbeit gefunden, auch in Strafprozessen wurden Angeklagte oftmals vor die Wahl gestellt: Armee oder Gefängnis. Das Berufsheer war auf diese Menschen angewiesen, woraufhin die Einstellungsbedingungen gesenkt, Lese- und Schreibkurse eingerichtet und Dienstvorschriften auf das Leseverständnis eines 14-Jährigen umgeschrieben wurden.

Spätestens als ab Mitte der 1970er-Jahre schwarze GIs auftauchten, die in Geschäften nicht bedient, von Taxifahrern nicht mitgenommen wurden und auch nicht in Discos durften, war es fast vorbei mit der viel beschworenen amerikanischen Freundschaft. Beim alljährlichen Gmünder Stadtfest erhielten die Soldaten vorsorglich Ausgangssperre. Und immer wieder konnte man beobachten, wie Jeeps durch Gmünds Straßen rasten, ruckartig vor einer Kneipe anhielten und Männer mit Armbinde Soldaten rausholten. Eine eisige Stimmung verbreitete sich augenblicklich, und die Soldaten kuschten. Die Ablehnung der GIs wuchs in der Bevölkerung, zu deren Schutz sie doch abkommandiert worden waren.[17]

Größte Atomdichte der Welt

Während die USA nach ihrer Kapitulation in Vietnam ihre Rüstungsausgaben reduzierten und Diskussionen über Abrüstung und Entspannung geführt wurden, rüstete die UdSSR weiter auf und weitete in den 1970er-Jahren ihre eigene Machtsphäre in der Karibik, in Afrika und im Mittleren Osten aus. Im Jahr 1977 stationierte die UdSSR Kurzstreckenraketen in der ehemaligen DDR und Tschechoslowakei, die in weniger als einer Minute Deutschland erreicht hätten. Der Friedensaktivist Malte Fröhlich aus Stendal (Sachsen-Anhalt) berichtet, dass auf den Stahlgussdeckeln die Namen der Ziele standen: Köln, Düsseldorf, Dortmund.[18]

Bundeskanzler Helmut Schmidt schlug angesichts dieses Ungleichgewichts Alarm und regte mit Einschüchterungen und frisierten Fakten[19] den NATO-Doppelbeschluss an: Unter dem Eindruck der Krise im Iran mit der Absetzung des Schahs Mitte 1979, mit dem die USA einen wichtigen Verbündeten verloren, und der sowjetrussischen Invasion in Afghanistan Ende 1979 schien die Zeit für einen solchen Vertrag überfällig. Und der Doppelbeschluss sah vor, neue mit Atomsprengköpfen bestückte Raketen als atomare Abschreckung gegen die sowjetische Aufrüstung zu stationieren. Die Atomwaffen auf beiden Seiten hätten ausgereicht, die Welt gleich mehrfach zu vernichten.

Widerstand gegen diesen Overkill kam sogar aus den eigenen Reihen: Generalmajor Gert Bastian, für seinen Widerstand gegen die Stationierung der Pershing II von der eigenen Armee diffamiert, kritisierte durchaus die Vorgehensweise der sowjetischen

Regierung, die problemlos die Zahl der stationierten SS-20-Raketen hätte reduzieren können, ohne Gefahr zu laufen, »überrannt« zu werden. Mit den Raketen habe sie letztlich die westliche Aufrüstung provoziert. Damit sei weder einem stabilen Ost-West-Verhältnis gedient noch einem effizienten Krisenmanagement in Zeiten hochpolitischer Spannung.[20] Auch in der SPD formierten sich Gegner des Beschlusses. Der SPD-Politiker Erhard Eppler sei hier genannt, der schon früh davor warnte, die eigene Aufrüstung als angemessen, die der anderen als größenwahnsinnig darzustellen. Die Spirale der Überrüstung müsse aufgebrochen werden, nicht mehr länger solle man sich vor dem Stirnrunzeln einer fremden Macht ducken, womit er die amerikanische meinte. Und zusammen mit anderen wurde er zum Wortführer einer Bewegung der Mutigen, der Diskutierenden, der einfallsreich Agierenden – nicht der Fanatischen und Hassenden.[21]

Die atomare Aufrüstung rief den breiten Widerstand in der Bevölkerung hervor, die durch den Vietnamkrieg sensibilisiert worden war. Die Zahl der Kriegsdienstverweigerer schnellte in die Höhe. Anders als noch in den 1950er-Jahren war die Friedensbewegung dieses Mal eine Massenbewegung.

Nur nicht in Schwäbisch Gmünd. Jedenfalls erinnere ich mich nicht, dass wir in der Schule darüber geredet haben, dass die Lehrer auch nur ein Wort darüber verloren haben, die keineswegs allesamt alt und verknöchert waren – im Gegenteil. Viele kamen frisch von der Universität direkt ans Hans-Baldung-Gymnasium, steckten voller Ideale, waren engagiert. So jedenfalls habe ich sie in Erinnerung. Umso erstaunlicher, dass über das, was vor der eigenen Haustür passierte, geschwiegen wurde. Hatten die Lehrer einen Maulkorb verpasst bekommen? Oder saß ihnen der Radikalenerlass noch im Nacken, deren prominentestes Opfer der derzeitige Ministerpräsident Baden-Württembergs, Winfried Kretschmann, war? Die Angst ging um, denn wer verdächtigt wurde, sich in einer zweifelhaften Organisation engagiert zu haben, wurde erst gar nicht eingestellt; aus dem öffentlichen

Dienst entlassen wurden allerdings nur wenige. Da die Friedensbewegung per se unter Generalverdacht stand, war es als Lehrer allemal sicherer zu schweigen, wenngleich sich unter den Demonstranten dann doch überproportional viele Lehrer befanden.

Oder vielleicht war man Ende der 1970er auch einfach nur vorsichtiger geworden, nachdem man euphorisiert mit roten Bibeln, Plakaten von Mao und Ho Chi Minh auf die Straße gegangen war? Denn die Enthüllungen über die Schrecken der Kulturrevolution und die Gräuel unter Pol Pot erschütterten gewaltig. Verblendungen auf beiden Seiten. »Was werden künftige Generationen uns vorwerfen können? Dass wir nicht hinreichend dagegen protestierten … dass wir allen Warnungen zum Trotz, trotz all dessen, was wir wissen, unser Leben nicht radikal umstellten? … Werden sie auf die vergilbten Zeitungsausschnitte zeigen und sagen, aber hier steht doch alles, wie könnt ihr denn sagen, dass ihr es nicht verstanden habt?«[22]

Als sich Protest gegen die Stationierung von Atomwaffen in Deutschland formierte, setzten Friedensaktivisten, die sich in den 1950er-Jahren gegen die Wiederbewaffnung der BRD wehrten, zusammen mit der neuen Friedensbewegung Ende 1980 den Krefelder Appell auf, der unter dem bereits eingeführten Motto stand: »Kampf dem Atomtod!« Unterzeichnet wurde dieser Aufruf innerhalb weniger Monate von 800.000 Menschen, in den nächsten drei Jahren sollten weitere Hunderttausende folgen. Der Friede – oder vielmehr die Angst vor einem heraufbeschworenen Krieg – bewegte und vermochte zu mobilisieren.

Spätestens als das Magazin *Stern* Mitte 1981 eine Atomwaffenkarte und damit sämtliche Militärstandorte publik machte, wurde der Bevölkerung klar, dass die BRD der mit Atomwaffen am dichtesten gespickte Teil der Erde war. Da begriffen einige auch in Mutlangen und Schwäbisch Gmünd, was die Stunde geschlagen hatte. Gleichzeitig kritisierten die Aufrüstungsbefürworter, dass durch solche Militärkarten nun auch der Feind wisse, wie er die

BRD und NATO schwächen könne. Abermals lag der Vorwurf des Landesverrats in der Luft.

108 Pershing II sollten stationiert werden, 36 davon in Mutlangen. In sieben Minuten gelangte eine Pershing II von Mutlangen nach Moskau. In fünf Minuten hätte Minsk zerstört werden können. Die SS-Mittelstreckenraketen wiederum hätten in 100 Sekunden alle Pershing II in Mutlangen vernichten können. Diese Atomraketen sind »fliegende Verbrennungsöfen«, sagt die Theologin und Friedensaktivistin Dorothee Sölle, wenngleich vielen bis heute der Vergleich mit der Nazidiktatur nicht behagt. Die Amerikaner seien entsetzt gewesen, als sie die Konzentrationslager und das System der Massentötungen nach dem Zweiten Weltkrieg gesehen haben, ja, sie zwangen die Deutschen dazu, sich die Gräuel dieses Genozids anzuschauen. Und seien doch wenige Jahrzehnte später selbst bereit, Massenvernichtungswaffen einzusetzen, ausgerechnet auf deutschem Boden, erklärt Volker Nick, einer der Initianten der Mutlanger »Kampagne Ziviler Ungehorsam bis zur Abrüstung«. Die war 1984 mit dem Ziel gegründet worden, den gewaltfreien Widerstand in Mutlangen dauerhaft zu verankern.

Friedensinitiative
in Schwäbisch Gmünd

Im Jahr 1981 gründeten einzelne Gruppen die Gmünder Friedensinitiative, nachdem der Kritiker des NATO-Doppelbeschlusses,
Alfred Mechtersheimer – übrigens wie Gerd Bastian ein »Über-
läufer« als früherer Oberstleutnant[23], nur dass Mechtersheimer
später noch weiter nach rechts »lief« –, im völlig überfüllten
Kulturzentrum Prediger einen Vortrag gehalten hatte. Trotz aller Bedenken und innerer Widerstände vernetzten sich einzelne
Gruppen, was mit einem generellen Bewusstseinswandel in der
Bevölkerung einherging, so der *Gegendruck.* Die im selben Jahr
gegründete Zeitschrift wollte das Städtchen aus dem Dornrös-
chenschlaf wecken. Obwohl es Demonstrationen mit mehreren
Tausend Teilnehmern gegeben habe, veröffentlichte beispielsweise
die *Gmünder Tagespost* nur ein Foto mit schmalem Untertitel zu
dieser größten Demo in der jüngsten Stadtgeschichte. Auf Nach-
frage habe die Redaktion geantwortet, man stehe der neuen Bewegung mit gemischten Gefühlen gegenüber.[24] Und weiter steht
in der ersten Ausgabe des *Gegendruck* zum Selbstverständnis der
Redakteure: »Obwohl wir in Gmünd zwei lokale Tageszeitungen
haben, unterscheiden sie sich inhaltlich nur wenig. Es gibt kein
Ereignis, sei es auch noch so unbedeutend, das nicht ausführ-
lichst in beiden Blättern abgehandelt wird, vorausgesetzt, es steht
in irgendeinem Zusammenhang mit jenen Gruppen, die sowieso
schon eine Lobby haben [...] Engagierte Gruppen finden sich
höchstens mit einer Fünfzeilen-Nachricht auf der dritten Seite
wieder [...] Bei uns soll das erscheinen, was bei der bürgerlichen
Presse in den Papierkorb wandert. Wir sind scharf auf die heißen

Eisen, bei denen die lokalen Blätter Angst haben, sich die Finger zu verbrennen.«[25]

Und schon von der ersten Nummer an berichtete *Gegendruck* über wöchentliche Infostände auf dem zentral gelegenen Johannisplatz, von Kriegsdienstverweigerern, die rechtliche Unterstützung erhielten und in simulierten Verhandlungen auf die Prozesse vorbereitet wurden, von regelmäßigen Treffen in Gaststätten, von Schweigekreisen und Die-ins – Demonstranten legen sich plötzlich wie Tote auf den Boden – vor der Bismarck-Kaserne. Aber auch vom ersten Piratensender in der Stadt und den vergeblichen Forderungen nach einem autonomen Jugendzentrum. Von der ersten Ausgabe wurden 2500 Exemplare verkauft, was ebenso wie die Demonstrationen mit mehreren Tausend Menschen 1981 und 1982 angesichts der Größe der Stadt – Schwäbisch Gmünd hatte damals etwa 50.000 Einwohner – und der stumpfen Feindseligkeit in der Bevölkerung beachtlich war, die sich mehrheitlich von der CDU regieren ließ.

Wie durch eine launige Chronik lese ich mich im Gmünder Stadtarchiv durch die gut erhaltenen Ausgaben.

In einem Leserbrief regt sich jemand darüber auf, dass die Geschäftsleitung der größten Bäckerei amerikanischen Kindern bei einem Besuch eine Rakete mit Schokoladenüberzug überreicht und die lokale *Rems-Zeitung* geschmacklos titelt: »Bomben-Spaß«.

Im Vorfeld der Demonstration am 6.12.1981 wurden Plakate abgerissen, keines sei heil geblieben, bis die Organisatoren ein Plakat aufhängten mit dem Slogan: Wer Plakate abreißt, wird auch Bücher verbrennen.

In der Tagespresse wird gehetzt und gewarnt vor Chaos, Plünderei, Verletzten, Kämpfen zwischen Polizei und Demonstranten. Fast jeder Gmünder Bürger hat deshalb Angst vor Ausschreitungen. Die Friedensbewegung wird auch in Gmünd kriminalisiert, damit die Bevölkerung nur ja nicht bei den Demos mitmacht.

Ein paar Monate später wird der *Gegendruck* beschlagnahmt, weil er offenbar zu gewaltfreien Aktionen aufgerufen habe. Die

Sicherheit der Bevölkerung werde aber nicht durch die Beschlagnahmung des *Gegendruck* gewährleistet, kontert die Redaktion, sondern durch die Nicht-Stationierung der Pershing II.[26]

Die USA aber stand unter politischem Druck, die Pershing II mussten stationiert werden, obwohl die Rakete noch gar nicht eingesetzt werden konnte. Das Martin-Marietta-Airspace-Programm war bereits an die Grenzen der Kapazitäten gelangt, woraufhin man kurzerhand die Testphase verkürzte. Beim ersten Probeflug Ende Juli 1982 geriet eine Rakete schon nach 17 Sekunden ins Trudeln und zerbrach; dann wurden statt 28 nur noch 18 Flüge durchgeführt. Immerhin erreichte die dritte Testrakete ihr Ziel, aber mit einer Abweichung von 12 Kilometern, da das Hydrauliksystem versagte. Der Zeitplan geriet vollkommen durcheinander, man war um acht bis neun Monate im Verzug. Aus politischen Gründen mussten die Pershing-II-Raketen aber Ende 1983 geliefert werden, länger wollten die USA nicht warten, um nicht ihr »militärisches« Gesicht zu verlieren. Selbst im US-Fernsehen sprach man von einem akuten Risiko für die BRD durch die Pershing II, da die Raketen viel zu unsicher seien.[27]

Die Friedensaktivisten ließen aber nicht locker. In vielen umliegenden Dörfern wurden Friedensgruppen gegründet, in den evangelischen Gemeinden finden sich schneller Unterstützer als in den katholischen. Friedenskonzerte wurden organisiert im Taubental, wo später in der dortigen Jugendherberge gewaltfreie Trainings und der generationenumfassende Widerstand organisiert wurden. Und erste Infostände wurden direkt vor dem Depot auf der Mutlanger Heide aufgestellt.

Im *Gegendruck* steht unter einem Leserbrief der Name eines Mädchens aus meiner Klasse. Nicht alle Motorradfahrer seien dumpf und Konsumdeppen, wehrt sie sich gegen eine Anschuldigung aus der vorigen *Gegendruck*-Nummer, ein anderer Leserbrief weist darauf hin, dass im Februar 1982 immerhin 120 Motorradfahrer vor der Hardt-Kaserne gegen die Pershing-

Stationierung protestiert und ein entsprechendes Schreiben überreicht hätten.[28]

Später erfahre ich von einem Bekannten, wie er damals aus
dem 30 Kilometer entfernten Steinheim mit dem Fahrrad nach
Gmünd gefahren sei zu den Demos 1981 und 1982 mit mehreren
Tausend Leuten, mitten durch die Stadt seien die gegangen.

Was habe ich getan in jenen Sommern? Bin übers Land ge-
trampt, an Wochenenden auf Partys gewesen, habe zu Hause bei
Freunden rumgehangen. Ich lebte mitten in dieser Stadt und habe
nichts mitbekommen. Kann mich nicht einmal daran erinnern,
weggeschaut zu haben. Ich mag noch nicht einmal von Verdrän-
gung reden, denn selbst Bilder, nach denen ich suche, müssten,
könnten beim Schreiben auftauchen. Doch da ist nichts, einfach
nichts. Es ist mir unbegreiflich. Dass da nichts ist. Oder habe ich
mich schlicht für all das nicht interessiert, weil es schon immer
da gewesen war?

Unfälle

Doch außer dem bisschen Sand im Getriebe, den die Friedensbewegung streute, ging in Gmünd alles seinen gewohnten Gang. Zwar war in der örtlichen Presse von Nachtruhestörungen wegen feiernder US-Soldaten die Rede und von Flurschäden durch übende Truppen, was die Kommunalpolitiker und die offizielle Presse mehr beschäftigte als die Stationierung der Raketen. Zwar war es rund um die Bismarck-Kaserne immer ein wenig laut und es würde noch lauter werden, wenn die US-Streitkräfte das Gebäude um eine Kfz-Werkstatt erweiterten. Da fürchteten die Nachbarn noch mehr Belastung, noch mehr Lärm. Würde eine Privatperson diese Baumaßnahme beantragen, würde der Gemeinderat sie ihm verweigern, aber »wo die Vereinigten Staaten von Amerika bauen, sind wir nicht zuständig, zumal man wegen der vielen Unfälle ihnen wohl kaum eine Reparaturwerkstätte verweigern könnte«.[29]

Über die Unfälle war auch der Oberbürgermeister Schoch sehr besorgt und reagierte mit Unverständnis auf die Beschwichtigungen des damaligen Verteidigungsministers Manfred Wörner. Der kam zwar auf den Flohmarkt nach Gmünd, stellte sich aber wegen seines vollen Terminplans nicht den unbequemen Fragen des Gmünder Gemeinderats.

Sattelschlepper mit vierachsigen Anhängern, unter olivgrünen Planen lagen lange, mit Treibstoff gefüllte Röhren, davor und dahinter Armeejeeps, damit kein Unfall passierte. Ein seltsames Gefühl war das immer, wenn die schweren Lastwagen mit ihren Pershings durch die Straßen dröhnten. Eigentlich durfte man die

Raketen nie an nur einem Ort lagern, denn sie gaben so ein festes Ziel für die sowjetrussische Armee ab, weshalb sie in der Gegend herumgefahren werden mussten. Und der Frieden konnte eben nur durch Raketen gesichert werden. (Doch spätestens nach dem Unfall bei Heilbronn, bei dem Menschen umgekommen waren, blieben die Raketen in ihren Schuppen.) Wenn die Laster mit ihren schweren Raketen kaum um die Straßenecken kamen, an den engen Kreuzungen vor- und zurückfahren mussten mit ihren schweren Geschützen, schon auch mal ein Haus dabei seine Ecke verlor und sich deswegen im Morgengrauen der Verkehr staute bis hinauf zu den Dörfern, dann war das allemal ärgerlicher als die eigentliche Bedrohung.

Diese Raketenausfahrten bargen viele Gefahren. Zahlreiche Unfälle wurden registriert, deren Ursprung nicht nur technischer Natur war, sich nicht immer auf Bremsversagen zurückführen ließ, wie es später die amerikanischen Generäle behaupteten. Und ausgerechnet vor der Stationierung der Pershing II häuften sich die Unfälle. »Bremsversagen wurde zu einer geflügelten Ursachenbeschreibung, wenn es in den 70ern und 80ern unter Beteiligung von Militärfahrzeugen krachte.«[30]

Der einheimischen Feuerwehr wurde erklärte, dass es sich bei einer Pershing-Rakete um einen riesigen Molotow-Cocktail auf Rädern handelte. Zwar führten die Pershings auf ihren Fahrten durch Dörfer und Wälder keine atomaren Sprengköpfe mit, versicherte jedenfalls die amerikanische Seite. Doch auch ohne Sprengköpfe waren die Raketen gefährlich: Einmal in Brand geraten, würde kein Löschmittel helfen können, erklärte man den Feuerwehrleuten. Innerhalb von drei Minuten wäre der Raketentreibstoff explosionsartig verbrannt und hätte eine Wärmeenergie von etwa 3000 Grad freigesetzt. Dass dieses Szenario nicht unwahrscheinlich war, zeigte eine Reihe von Pannen. Schwäbisch Gmünd liegt unten im Tal, auf der einen Anhöhe liegt die Hardt-Kaserne, auf der anderen die Mutlanger Heide. Immer wieder versagten die Bremsen der Laster auf diesen Straßen.

1978 rammte ein US-Truck auf der Glocke-Kreuzung in Schwäbisch Gmünd einen Pkw, der junge Mann am Steuer war sofort tot.

Später raste ein Pershing-Transporter zwischen zwei Wohnhäusern hindurch den Hang hinunter.

1981 ging im Welzheimer Wald eine Pershing auf einer Lafette in Flammen auf, der Sprit entzündete sich, vom Transportfahrzeug blieb nur noch ein metallener Klumpen zurück.

Im Sommer 1982 konnten die örtlichen Feuerwehreinheiten Brände verhindern, nachdem die hinteren Reifen von Raketentransportern in Brand geraten waren.

Im November 1982 raste ein US-Raketentransporter in ein Gartengrundstück direkt gegenüber der Eisenfabrik Gatter & Schüle. Was, wenn der Transporter direkt in die Fabrik gerast wäre? Ja wäre, wäre, ist aber nicht, wurde beschwichtigt.

Am selben Tag mussten bei Karlsruhe wegen eines Unfalls 1200 Menschen evakuiert werden, denn bei einem Raketentransporter versagten die Bremsen, weil ein Konvoi eine falsche, kurvenreiche Strecke genommen hatte. Das Fahrzeug rammte eine Mauer, ein anderes walzte zwei Autos platt und überrollte ein entgegenkommendes Auto, dessen Fahrer getötet wurde. Begleitfahrzeuge des Konvois vergrößerten den Schaden noch, zertrümmerten weitere Autos. Der amerikanische Befehlshaber verweigerte die Auskunft darüber, was genau der Konvoi transportierte, ordnete aber die sofortige Evakuierung des Dorfes an. Eine Überreaktion, schimpfte das deutsche Verteidigungsministerium. Das erste Ersatzfahrzeug, das den Raketentransporter abschleppen sollte, wurde von der deutschen Polizei wegen abgefahrener Reifen gleich wieder zurückgeschickt. Das zweite blieb unterwegs wegen einer Panne liegen. Erst das dritte Fahrzeug konnte endlich den Raketentransporter von der Unfallstelle abtransportieren.[31]

»Der Weg dieser Konvois ist von nicht gerade geringer Anzahl liegengebliebener Militärfahrzeuge gekennzeichnet«,[32] spöttelt der *Gegendruck*.

Es war sonnenklar, dass durch die Stationierung einer noch gefährlicheren Atomrakete, der Pershing II, die Gegend mehr bedroht als gesichert war, zumal die Kommandozentrale in der Bismarck-Kaserne im sowjetischen Visier war.

Die amerikanische Seite versprach daraufhin zwar, die Fahrzeuge besser zu warten, doch menschliches Versagen aufgrund der bereits erwähnten ungenügenden Kompetenzen der Soldaten wurde an keiner Stelle erwähnt. Nur eben im *Gegendruck*, der forderte: Nicht die Fahrzeuge müssen zum TÜV, da bereits die Präsenz von Kriegsgerät eine Bedrohung sei, sondern der NATO-Doppelbeschluss müsse aufgekündigt werden. Die BRD werde von den USA zunehmend als amerikanische Kolonie betrachtet, als europäischer Vorposten einer Atomstrategie, was zudem von der Mehrheit der Bevölkerung nicht mehr länger unterstützt werde, wie Umfragen bestätigten. Verlangt wurde »die sofortige Einstellung des verantwortungslosen Durch-die-Gegend-Fahrens hochbrisanter Atomraketen in unserer dichtbesiedelten Heimat.«[33]

Doch nicht nur Autounfälle irritieren die Bevölkerung. Das Freiburger Öko-Institut sammelte im Herbst 1982 drei Monate lang Meldungen aus Zeitungen, aus den seitenlangen Aufzählungen seien nur ein paar ausgewählt:

Bei Wertheim fuhr ein US-Armeefahrzeug in ein Wohnhaus.

Durch Hubschraubertiefflüge wurden 3000 Rebstöcke zerstört.

In Marbach beschädigte ein Panzer ein Wohnhaus.

Apfelbäume wurden durch Helikoptertiefflug »geköpft«.

Ein Acker mit frisch gesätem Saatgut wurde umgepflügt.

Panzer in Marbach rissen 1000 Rebstöcke um, walzten Bordsteinkanten und Gehwege zusammen.

In Kirchheim wurden Gerstenfelder zerstört, anderswo fiel ein Laster auf einen Spielplatz.

Der Hornberg bei Schwäbisch Gmünd war ein riesiges Manövrier- und Übungsgelände, das oft auch die Wacholderheide auf dem Kalten Feld mit einschloss. Ich erinnere mich, dass ausrangierte Tonnen links und rechts als Wegbegrenzung herumlagen und breite Fahrspuren auch außerhalb zu sehen waren. Das ganze Areal wurde schon mal bis zur Unkenntlichkeit in eine Schlammwüste verwandelt.[34] Bergwacht und Albverein versuchten immer wieder, die amerikanischen Soldaten auf die Bedeutung der Naturschutzschilder aufmerksam zu machen, aber die Übungen wegen eines imaginären Feindes waren wichtiger als der Schutz von Silberdistel und Wacholderbüschen.

Aus Mutlangen berichtet *Gegendruck,* dass bei einem Generatorausfall 20 Liter Dieselöl ausgelaufen seien. Nachdem der Boden im Februar aufgetaut war, sickerte das Öl ins Grundwasser. Das Forstamt wurde informiert, dass der Bach stinke. Nichts passierte. Eine Schulklasse meldete Ende März erneut den stinkenden Bach. Nichts passierte. Erst als Anzeige erstattet wurde, wachten die deutschen Behörden auf, schoben sich aber gegenseitig die Verantwortung zu. Der Bach stank weiter. Die Untätigkeit der Behörden passe zur gängigen Informationspolitik, moniert *Gegendruck*-Redakteur Werner Jany. Die Polizei sei zwar ständig vor Ort, agiere aber nur gegen die Demonstranten, nicht jedoch gegen Umweltverschmutzung im großen Stil. Gleichzeitig würde jeder Schrebergärtner unnachsichtig bestraft, wenn er unkorrekt Gartenabfälle verbrenne, so Jany.[35]

Weil man im Zusammenhang mit der amerikanischen Besatzungsmacht nur Totalschäden im Auge hatte, gewöhnte man sich im Laufe der Jahre an all die Unfälle und Standardschäden. Immerhin zahlten die USA für ausgefallene Ernten bis zu 100 Millionen Dollar, nichts hingegen für die verseuchten Böden. Zwar ließen sich Bauern, wenn sie in ihrer ökonomischen Grundlage beschnitten werden,[36] besser mobilisieren und zur Beteiligung an Demonstrationen bewegen, genützt hat es allerdings nichts.

Die bereits erwähnte Ulmer Ärzte-Initiative listete weitere Unfälle bei Kontrolle und Überwachung der Kriegsmaschinerie auf.

Technische Fehler mit extrem kurzen Vorwarnzeiten könnten auch aus Versehen einen Atomkrieg auslösen: »In nur 18 Monaten registrierten Experten im amerikanischen Frühwarnsystem 151 gravierende Fehlalarme, 5 Mal wurde dabei die höchste Alarmstufe für Mannschaften von Atombombenflugzeugen … ausgelöst.«[37] Bislang war das noch keine Katastrophe, da diese Fehler wegen der »langen« Vorwarnzeit von etwa 20 Minuten rechtzeitig aufgedeckt werden konnten. Die Vorwarnzeiten bei den neuen Mittelstreckenraketen in Europa betrugen allerdings nur noch fünf bis sechs Minuten.

Als im Januar 1985 bei einem schweren Unfall bei Heilbronn drei Soldaten ums Leben kamen und 16 lebensgefährlich verletzt wurden, während sie eine Pershing II zusammenbauten, forderte der Gemeinderat in Schwäbisch Gmünd vom damaligen Oberbürgermeister Schoch ein Verbot der Transporte von Pershing-II-Raketen. Nun war auch den Politikern vor Ort klar, dass die amerikanische Seite die Pershings zwar geliefert, an Katastrophenpläne aber nie gedacht hatte.[38]

Unvorstellbar ist vor diesem Hintergrund erst recht, wie sich Menschen wieder und wieder vor diese Schwertransporter setzten, deren Bremsen in der Vergangenheit so oft versagten, und damit das Risiko eingingen, plattgewalzt zu werden. Wie sie unter Einsatz ihres Lebens versuchten, das Leben vieler zu retten. Ob er denn keine Angst gehabt hätte, frage ich Volker Nick. Bremsversagen sei das eine gewesen. »Was aber, wenn der Fahrer die Blockierenden übersieht, wenn er unter Drogen steht und erst recht in die Menschengruppe fährt?« Diese Angst war durchaus real. Im März 1984 wurde ein Aktivist von einem Raketentransporter überfahren, er lag zwischen den Rädern und blieb unverletzt.

Wer Bunker baut,
wirft Bomben

Wie hat man nur meinen können, Bunker würden im Falle des schlimmsten Falles Schutz gewähren? Zumal klar war, dass bloß für drei Prozent der Bevölkerung Bunker zur Verfügung standen?[39] Als Emblem der Selbsttäuschung taugte der Bunker allemal, er schürte illusorische Überlebenshoffnungen. Und mit zunehmender Kriegsgefahr wurden immer mehr Bunker gebaut; seit dem Einmarsch der UdSSR in Afghanistan kam es zu einem regelrechten Bunker-Boom.

Bei einer atomaren Explosion würden die Bunkerinsassen allerdings langsam ersticken, denn die Luftversorgung wäre das Hauptproblem, das Sterben würde dadurch nur verlängert: der Bunker als Todesfalle. Den Bunkern, die in den 1980er-Jahren erstellt wurden, fehlte schlicht die Ausstattung, um darin einen atomaren Krieg überleben zu können. Schon kursierten erste Bunkerwitze: Nach neuesten Erkenntnissen schützen die Atombunker zwar nicht vor radioaktiven Strahlen, dafür höre man die Explosion im Bunker nicht ganz so laut.[40]

Und wer würde es angesichts der geringen Vorwarnzeit überhaupt in einen Bunker schaffen? Im Bundesschnitt kamen Anfang der 1980er-Jahre auf einen Platz 39,6 Einwohner, in Baden-Württemberg 45 Einwohner auf einen Platz.[41]

Für wen waren die Bunker gedacht, nur für Bonzen oder gar eine selbsternannte Elite? Oder für denjenigen, der am schnellsten einen Bunker erreichte, der am stärksten war und den Zutritt notfalls auch mit einem Gewehr in der Hand verteidigen konnte? Oder sollten die Schwachen geschützt werden? Von einem Schulleiter wurde verlangt, eine Liste mit Namen von Personen zu erstellen, die einen Bunkerplatz erhalten sollten. Auswahl nach Noten?

Und wer hatte überhaupt das Geld, privat einen Bunker zu bauen? »Schütze sich, wer es sich leisten kann.«[42] Um nur ja nicht den Neid der Nachbarn oder gar der gesamten Bevölkerung heraufzubeschwören, blieben diese Privatbunker geheim. Vertreter einer privaten Initiative für Atombunker wurden im Magazin *Stern* zitiert: »Sonst stürmen die bei Alarm den mit unserem sauer verdienten Geld gebauten Bunker. Das wär ja eine Fehlinvestition, wenn da fremde Leute überlebten.«[43]

Doch selbst wenn es genügend Plätze gegeben hätte – die zu öffentlichen Schutzräumen erklärten Tiefgaragen waren mit parkenden Autos voll besetzt. In Schwäbisch Gmünd war der Keller einer Schule als solch ein Schutzraum deklariert, in dem allerdings das städtische Museum seine Sammlung gelagert hatte. Wäre diese notfalls zerstört worden, um Platz zu schaffen, oder hätte man dafür zuerst eine behördliche Genehmigung einholen müssen?

Aus Mutlangen ist kein Bunker bekannt, aber vielleicht hat es man nur einfach geheimhalten wollen wegen Nachbarneid. Bunker gab es jedoch in den Nachbargemeinden, in denen Flüchtlinge und Vertriebene wohnten, die schon einmal einen Krieg nur knapp überlebt hatten.

Offenbar machte man sich schon vor der Stationierung der Pershing II Gedanken über den Schutz im Kriegsfall, denn 1982 wurde trotz Befürwortung der CDU-Mehrheit im Gmünder Gemeinderat der Ausbau von Zivilschutzbunkern abgelehnt. Man wollte 32 verschüttete oder zugemauerte Luftschutzbunker aus dem Zweiten Weltkrieg wieder flott machen, lange Schläuche, die ein bis zwei Meter breit und zehn bis fünfzehn Meter tief waren. Mit 50.000 DM hätte man aber nur 1500 Zivilschutzplätze bauen können – lächerlich angesichts von 60.000 Gmündern, meckert der *Gegendruck*.[44] Selbst die örtliche SPD, unterstützt von der

FDP, kritisierte, dass man mit dem Bau der Bunker der Bevölkerung nur Sand in die Augen streue. Stattdessen wurde ein Antrag eingereicht, Schwäbisch Gmünd zur atomwaffenfreien Zone zu erklären, wie es die Partnerstadt Barnsley in Großbritannien und die Nachbargemeinde Böbingen schon vorgemacht hatten, was wiederum abgelehnt wurde.

Im November 1983 war der Gedanke an einen Bunkerbau offenbar schon wieder aufgegeben worden. Auf eine Anfrage nach einem Atombunker in der Gemeinde Hussenhofen kam die Antwort, dass keine solche Einrichtung bestehe und auch keine geplant sei, denn die Pershing II sei Teil der Friedenssicherung, und nur wegen des NATO-Bündnisses sei es schließlich gelungen, Frieden und Freiheit zu sichern.[45] So fehlte in Gmünd auch ein Katastrophenplan – anders als in der der Nachbarstadt Aalen, die einen solchen minutiös ausgearbeitet hatte.[46]

Architekten wiederum profitierten von dieser Angst, die nicht etwa in ein Engagement für den Frieden mündete, sondern in den Bau eines Bunkers, damit sich der Bauherr in einem trügerischen Gefühl der Sicherheit wiegen konnte. Werbebroschüren für Bunker wurden versandt, die idyllisch aussahen, zwar ein wenig eng, aber sie versprachen, dass ein gepflegtes Leben im Bunker möglich sei. Einem Kinderarzt im Gmünder Raum ging solch eine Werbebroschüre für einen Atomschutzbunker zu. In Friedenszeiten, so wurde geworben, könne der Raum auch als Bügelzimmer gebraucht werden oder als gediegene Hausbar.[47] Und wenn man sich heute umhört, haben tatsächlich einige Familien einen solchen als Partyraum getarnten Bunker im Keller, der mit Fördergeldern gebaut wurde, was verächtlich kommentiert wird.

Für die Berufsgruppe der Architekten war der Bunker also durchaus ein Thema, man erörterte den praktischen Nutzwert ebenso wie das grundsätzliche Selbstverständnis des Architekten. Der Bund Deutscher Architekten erließ ein Manifest, in dem nicht nur davor gewarnt wurde, den Bunker als eine käufliche Lebensversicherung anzusehen. Es sei zudem ein sinnloser Versuch, mit baulichen Mitteln einer atomaren Apokalypse entgegenwirken zu wollen. Gefordert wurde die Einstellung staatlicher Förderung von Schutzbauprogrammen, denn dies sei kein Friedensbeitrag, sondern vielmehr passive Kriegsvorbereitung. Mit den Bunkern signalisiere man zudem dem Gegner die Bereitschaft, einen Krieg in Kauf zu nehmen.[48] Je mehr Bunker, desto sicherer der Sieg, so die trügerische Verheißung.

Effektiv, weil irritierend für die Zuschauer, waren deshalb die Aktionen der Friedensbewegung, auf Flugblättern auf die begrenzte Anzahl der Schutzräume im Kriegsfall hinzuweisen und bei flankierenden Happenings Bunkerplätze zu verlosen mit dem Los-Aufdruck: »Ihr Leben verlängert sich damit um eine qualvolle Zeit.«[49]

Es gibt noch ein Land, in dem man meint, die Anzahl der Bunker erhöhe die Wehrhaftigkeit des Volkes. Das am meisten verbunkerte Land ist die Schweiz, wo es 300.000 komfortable Schutzeinrichtungen geben soll. Selbst in dem Mehrfamilienhaus, in dem ich wohne, wurde 1933 ein Bunker eingebaut, an der Tür mit der entsprechenden Aufschrift gehe ich jeden Tag vorüber und wundere mich noch immer. Zwar musste die Armee nie beweisen, dass sie das Land hätte verteidigen können. Die Menschen glaubten tatsächlich und sind auch heute noch davon überzeugt, dass die Schweiz eine uneinnehmbare Alpenfestung war. Und tatsächlich könnten die Schweizer Zivilschutzräume 115 Prozent der Bevölkerung aufnehmen. Konkret beschreibt der Journalist Jost Auf der Maur solch eine Schutzanlage, die Bunkerstadt Sonnenberg. Hier hätten 20.000 Menschen im Ernstfall untergebracht werden sollen, und der Schweizer Zivilschutz sei davon ausgegangen, dass die Menschen einen atomaren Schlag mittlerer Größe überlebt hätten. Doch wie hätte man im Kriegsfall innerhalb weniger Minuten so viele Menschen dorthin transportieren können? Erst im Jahr 1987 probte man den Ernstfall und stellte ernüchtert fest: Die

Lüftungsanlage war so laut, dass man keine Anordnungen hätte hören können, sie erzeugte einen so starken Durchzug, dass man innerhalb kürzester Zeit krank geworden wäre. Die Planer waren Techniker und hatten keine Vorstellung davon, wie ein Leben dort unten praktisch hätte aussehen sollen. Doch die Schweizer wiegten sich in Sicherheit.[50]

Zwar führt die Schweiz seit mehr als 200 Jahren keinen Krieg und setzt sich auf internationaler Ebene für die Ächtung von Nuklearwaffen ein. Gleichwohl ist sie indirekt an der Finanzierung von Kriegsgütern beteiligt und lockerte jüngst auf Druck der einheimischen Lobby gleich zweimal die Rüstungskontrollen. Sie bunkert sich nicht nur ein, sondern bunkert gleichzeitig Geld auf Bankkonten, in Fonds, in Pensionskassen. Die Schweizer Nationalbank finanziert weltweit zehn der größten Rüstungsfirmen, die Credit Suisse investiert in Firmen, die Streumunition und Atomwaffen herstellen. Deshalb lancierte die GSoA (Gruppe für eine Schweiz ohne Armee) 2017 eine Kriegsgeschäft-Initiative.[51] Und auch hier formiert sich ziviler Ungehorsam. Die 86-jährige Schweizerin Louise Schneider nahm eine Spraydose in die Hand und sprühte »Geld für Waffen tötet« an eine Bretterwand am Bundesplatz in Bern und kam mit dieser Aktion in sämtliche Medien und eine Nacht in Untersuchungshaft.

Bedrohungsszenarien

Endlich Sommerferien! Eine Familie fährt zu den Großeltern nach Schewenborn bei Fulda. Da zuckt in der Ferne ein gleißender Blitz, Sturm kommt auf, der Himmel verfinstert sich, und Bäume zerbersten. Die Straße wird unpassierbar, zu Fuß geht es weiter durch eine gespenstische Landschaft. Doch was genau passiert ist, verschweigt die Autorin Gudrun Pausewang in diesem erfolgreichsten Roman der Friedensbewegung *Die Kinder von Schewenborn*. Nur die Symptome der Strahlenkrankheit werden beschrieben: Zuerst spüren die Menschen unerträglichen Hunger und Durst, dann tauchen auf der Haut Flecken auf, Haare fallen aus. »Es wurde langsam und unerbittlich gestorben.«[52] Menschenhorden ziehen durchs Land, plündern und morden, die Gesellschaft ist zusammengebrochen, sämtliche Werte und Moralvorstellungen gelten nichts mehr. Die elternlosen Kinder sind wütend, dass die Erwachsenen nichts getan haben. In großen Lettern schreiben sie ihre Wut an die Mauern des Schlosses, in dem notdürftig eine Schule eingerichtet wird: »Verfluchte Eltern!«[53] Als ein Mädchen den selbsternannten Lehrer fragt: »Haben Sie denn irgendetwas für den Frieden getan?«,[54] schüttelte der nur traurig den Kopf und wird von einem Jungen als Mörder angeschrien.

Im letzten Kapitel kommt Roland, eine der Hauptfiguren im Roman und Sohn eben jenes Lehrers zu Wort: Was nützt es, den Erwachsenen ständig vorzuwerfen, untätig zugeschaut zu haben, wie die Vernichtung der Menschen vorbereitet wurde? Und man als einzige Ausrede nur immer zu hören bekäme, man habe ohnehin nichts ändern können? Denn die Atomwaffen, so haben die Erwachsenen geglaubt, würden den Frieden garantieren.

Verdrängte die Bevölkerung auch in Mutlangen erfolgreich die Gefahr, an die allerdings die Sattelschlepper mit den Raketen regelmäßig erinnerten? Oder ergaben sie sich einfach der Obrigkeit, die sich verbissen-sarkastisch dem Fatalismus unterwarf und die Stationierung anordnete? Feierten unbekümmert ein Gartenfest nach dem anderen, wie Bürgermeister Hartmann stolz einem *Spiegel*-Reporter erzählte?[55]

»Es ist ein Fluch des Menschengeschlechts, dass es durch Gewöhnung auch das Schrecklichste ertragen lernt, dass es an der alltäglichen Schändlichkeit vergisst, und dass es kaum begreifen kann, wenn einzelne die Vernichtung desselben anstreben«, sagte der Arzt Rudolf Virchow bereits ein Jahr vor Gründung des ersten Friedensvereins in Deutschland. Wenig verwunderlich, dass unter den ersten Pazifisten auch Ärzte waren, die im Ernstfall die Versorgung der Verwundeten leisten mussten. Und es waren Ärzte, die ganz konkret die Folgen eines möglichen Atomkriegs aufzeigten, aufgerüttelt von Maßnahmen des Bundes für Katastrophenmedizin. Die Medikamente, die per Anzeige vom Bundesministerium für Inneres für den Zivilschutz in großen Mengen bestellt wurden – Valium, Droperidol, Haloperidol – alarmierten die Ärzte.[56] Denn diese Medikamente werden eingesetzt bei Krampf- und akuten Erregungszustände. Offensichtlich sollte die Bevölkerung im Krieg auf diese Weise ruhig gestellt und aus dem Verkehr gezogen werden.[57]

Auf medizinischen Kongressen wurde Tacheles geredet: In einem Verteidigungsfall werde der militärische Sanitätsdienst die Truppen und NATO-Verbündete betreuen, nicht aber die Zivilbevölkerung. Trinkwasser stünde nicht mehr ausreichend zur Verfügung. Bunker würden zu Krematorien. Zehntausenden könne im Kriegsfall nicht geholfen werden.[58]

Ärzten, die in hohen Verwaltungsstellen saßen, wurde bei einem Seminar im Juni 1981 die vollkommene Schutzlosigkeit der Bevölkerung vorgeführt. Würden moderne konventionelle Waffen eingesetzt, gäbe es auch kein klar umgrenztes Gefechtsfeld mehr. Deshalb sollte die Flucht von Menschenmassen mit den bestellten Tranquilizern verhindert werden, da sie sonst den Truppen bei Kampfhandlungen in die Quere kämen. Bergung und Versorgung von Verletzten sei nicht Sache der Bundeswehr, und im kommenden Krieg hätten nur Soldaten eine Überlebenschance. Das sei aber keineswegs ein Problem, sagte der Sanitätsoffizier York von Wartenburg und warnte vor Dramatisierung. Wenn man an der Front für das Volk sterbe, sei das doch ein ehrenvoller Tod. Letztlich sei die Bundeswehr die einzige Kraft, die die Interessen des deutschen Volkes wahrnehmen würde. Und wenn auf dem Feld Interessen aufeinanderprallten, könnte dies schon dazu führen, dass man das deutsche Volk opfern müsse. Oder: »In Wirklichkeit seid ihr hier in Mitteleuropa lediglich unbedeutende Untergebene.«[59]

Vorsichtsmaßnahmen im Falle einer atomaren Katastrophe schienen angesichts dieser Weiterbildung in Sachen Katastrophenmedizin lächerlich. »Milch soll auch helfen. Ist doch klar, im V-Fall ist die Bevölkerung mehrfach geschützt: Bei Kernexplosion Aktentasche vorn Kopf halten, dann schnell die Jodtablette schlucken und sich in Alu-Bratfolie wickeln, bei Giftgas Milch trinken«,[60] kommentierte ein Arzt sarkastisch diese nüchtern vorgetragenen Kriegsszenarien.

Nicht ärztliche Gesichtspunkte sind im Kriegsfall ausschlaggebend, sondern die militärtaktische Lage und andere militärische Erfordernisse. Deshalb verweigerten viele Ärzte die Teilnahme an diesen Weiterbildungen und animierten stattdessen junge Menschen zur Kriegsdienstverweigerung. Mit Anzeigenkampagnen versuchten sie, auf die Gefahren eines bevorstehenden Atomkriegs aufmerksam zu machen.

Die Ulmer Ärzteinitiative war besonders aktiv. Schließlich waren auch im bayerischen Neu-Ulm Pershings stationiert, wo von Anfang an allerdings jeglicher Widerstand mit martialischer Polizeigewalt im Keim erstickt worden war.

Mit welchen Folgen müssten die Ulmer rechnen, falls ein nuklearer Sprengkopf explodiert? Gleich auf den ersten Seiten stellten die Herausgeber einen Tödlichkeitsindex auf, um zu zeigen, wie Menschen im Laufe der Geschichte die Treffsicherheit und die tödliche Wirkung von Waffen unaufhörlich und mit wachsender Geschwindigkeit verbesserten. Obwohl Kriege immer erschreckendere Ausmaße angenommen haben, wie in Hiroshima und Nagasaki, würden diese Massenvernichtungswaffen mit enormem Aufwand weiterentwickelt.[61] »Wir fragen also: Wie ist es möglich, dass sich die Gefahr eines Krieges ständig erhöht, obwohl alle Politiker von Frieden sprechen?«[62]

Das Ulmer Szenario wird ins Jahr 1985 verlegt: Ein Großteil der Waffen ist bereits stationiert und abschussbereit. Nehme man einmal an, im Juni 1985 wird der saudische König ermordet, Radio Teheran ruft die Bevölkerung zum Sturz der Monarchie auf und fordert eine islamische Republik in Saudi-Arabien. Durch Sabotageakte kommt die Ölversorgung zum Erliegen, aber um die Ölversorgung im Westen zu sichern, drohen die USA mit militärischer Invasion. Der Iran sucht Rückhalt in Moskau, eine direkte Konfrontation im Nahen Osten scheint unausweichlich. Das sowjetische Frühwarnsystem registriert eine erhöhte Aktivität rund um die zahlreichen Mittelstreckenraketen, die auf die Sowjetunion ausgerichtet sind. Höchste Alarmbereitschaft wird ausgelöst. Zwei Minuten später nähern sich Flugkörper der sowjetischen Grenze und bestätigen die Befürchtung, dass die NATO einen Erstschlag durchführt. In zwei Minuten würden erste Raketen auf sowjetischem Gebiet niedergehen. Ein Kontakt mit der Führung in Washington kommt auf die Schnelle nicht zustande, daher beschließt die sowjetische Führung, einen Teil ihrer SS-Raketen als Vergeltungsschlag zu starten: Ulm ist bevorzugtes Ziel, da viele wichtige Einrichtungen der Bundeswehr, der US-Streitkräfte sowie große Rüstungsfirmen hier angesiedelt sind. Mutlangen mit der Pershing-Kommandozentrale in der Gmünder Bismarck-Kaserne sicherlich ebenso, auch wenn die Ulmer das nicht explizit erwähnen. In der BRD wird zwar ein ABC-Alarm ausgelöst, aber die Bevölkerung denkt, es ist nur eine der üblichen Sirenenübungen. Die zu öffentlichen Schutzräumen erklärten Tiefgaragen sind mit parkenden Autos zugestellt, und diejenigen, die einen privaten Bunker haben, sind unterwegs. Zu spät erkennt das sowjetische Frühwarnsystem einen Fehler im Programm, da sind die SS-20 aber bereits gezündet. Über Ulm explodiert eine der zahlreichen Wasserstoffbomben, die Mitteleuropa zerstören.[63]

An eine Evakuierung der Bevölkerung ist nicht gedacht, denn die würde nach Aussage der alliierten Streitkräfte zu noch mehr Problemen führen. Die Kosten hierfür seien zudem enorm, weshalb die Regierungen die Evakuierungspläne erst gar nicht umsetzen würden. Käme eine Regierung im Vorfeld auf die Idee, Gebiete zu evakuieren, könnte der Feind dies gar als Vorbereitung für einen Krieg deuten und ihn zum Präventivschlag veranlassen.[64]

Die Ulmer Ärzte äußern sich auch zum Zivilschutz. Zwar könnten entsprechende Räume Schutz bieten gegen Druck und Wärme, nicht aber gegen die radioaktiven Strahlen. Mit solchen Maßnahmen könnten die eigenen Politiker aber zu risikoreicherer Politik verleitet werden, während man gleichzeitig der Bevölkerung eine trügerische Sicherheit einredet. Ein Sirenenalarm könnte zudem erst gar nicht ausgelöst werden, da die Stromversorgung zum Erliegen käme und die Koordinierung des Zivilschutzes so ohnehin nicht mehr möglich wäre. Wasser und Nahrungsmittel wären mittelfristig nur ungenügend vorhanden. Und überhaupt: Wäre ein Weiterleben in einer verstrahlten Umgebung nach Verlassen eines Bunkers noch möglich, wenn alle Felder verbrannt wären, die Tiere tot, die Infrastruktur zusammengebrochen?[65] Es käme zu Hungersnöten, zu Chaos und Terror. Genauso, wie die Autorin Gudrun Pausewang es in ihrem Roman beschrieben hat.

Deshalb müsse die Bevölkerung aufgeklärt werden, dass keine noch so gut organisierte Katastrophenmedizin im Ernstfall etwas ausrichten könne. Die Frage stelle sich nicht mehr länger, was man im Falle eines Atomkriegs tun könne, sondern vielmehr, was man vorher tun müsse, damit es nicht so weit kommt? Über diese Frage entzweite sich die Ärztegemeinschaft. Auf der einen Seite standen die ärztlichen Standesorganisationen, die Ärztekammern und das Ärzteblatt, auf der anderen Seite gingen beispielsweise im September 1981 zahlreiche Ärzte an die Öffentlichkeit und schalteten in mehreren Tageszeitungen Anzeigen, in denen sie vor einem Atomkrieg warnten. Und die IPPNW (International Physicians for the Prevention of Nuclear War – Internationale Ärzte für die Verhütung eines Atomkriegs) wurde 1982 in Frankfurt gegründet, in der deutschlandweit 6000 Ärzte organisiert waren. Noch heute setzt sich die IPPNW für die Ächtung von Atomwaffen ein.

Waren die Gegner der Stationierung, die Ärzte und Pfarrer, nur Panikmacher angesichts dieses nüchtern vorgetragenen Szenarios?

In der Sonderausgabe der *Rems-Zeitung* von 2008 lese ich, dass auch damals in Gmünd ein Komitee »Ärzte gegen den Atomkrieg« gegründet wurde.[66] Lagen in Gmünder Arztpraxen Flyer aus, wurden in örtlichen Zeitungen Anzeigen gegen die Aufrüstung abgedruckt? Ich kann mich nicht erinnern, irgendetwas in der Art gesehen zu haben. War ich bei den falschen Ärzten?

Bedrohungsszenarien wurden nicht nur von den Gegnern der Aufrüstung geschürt, sondern auch von Politikern mithilfe des Feindbilds »Russe«. Das funktionierte ausgesprochen gut. Der Russe war kein Mensch, sondern ein Monster, weiß auch Lotte Rodi zu berichten, die sich in Schwäbisch Gmünd für die Versöhnung zwischen Ost und West einsetzte. Einmal habe man sie mit zwei russischen Delegationsmitgliedern aus dem Rathaus kommen sehen und hinterher zu ihr gesagt, die sähen ja ganz normal aus. Andererseits hätte sie wegen dieses Engagements auch einmal eine Morddrohung erhalten und wäre als »Kommunistensau« beschimpft worden.

Und die Menschen vor Ort klopften Sprüche:

»Lieber eine Pershing im Garten als ein Russe im Bett.«

»Lieber tot als rot.«

Die Grünenpolitikerin Marieluise Beck-Oberdorf widerspricht. »Ein Volk kann, solange es lebt, fremde Herrschaft und fremde Besatzer abschütteln, das Leichentuch, unter dem es nach dem Atomkrieg liegt, nicht!«[67]

Die »Russen« galt es mit den Pershings in Schach zu halten, und wer gegen die Pershings war, war für die Russen – eine einfache Gleichung, die vielen der Polizisten einleuchtete, die für die Räumung der Blockaden auf der Mutlanger Heide eingesetzt worden waren.

Diese Feindbilder bestehen aus vier Elementen: Dem Gegner wird unterstellt, mich angreifen und vernichten zu wollen. Der Gegner bedroht mich nicht nur in meiner physischen Existenz, sondern auch die humanen Werte, die dem Leben Sinn geben. Die Konsequenzen sind einfach wie fatal: Jede Seite macht sich nach dem gleichen Muster dieses Bild vom »Feind«, vom Gegenüber, womit die Bereitschaft zur gegenseitigen Vernichtung eskaliert. Hochstilisierte Feindbilder haben über Jahre die psychologischen Voraussetzungen für den Ausbruch eines Atomkriegs geschaffen. Und je mehr sich eine Nation vom Nachbarn bedroht fühlt, desto mehr wird sie sich zu ihrer Verteidigung rüsten und diese Prophezeiung in Erfüllung gehen. »Die einzig sinnvolle Reaktion auf die Vernichtungsabsicht des Gegners besteht darin, ihm zuvorzukommen.«[68]

Der Ausbruch des erwarteten Krieges war damals offenbar nur noch eine Frage der Zeit.

Heißer Herbst 1983

Die Machthaber hatten richtig kalkuliert, die schweigende Mehrheit in Mutlangen und Schwäbisch Gmünd regte sich höchstens über die Staus auf, denn die Angst vor den Russen war größer. Und wenn tagtäglich Militärhubschrauber so dicht übers Haus flogen, dass selbst die Gläser im Schrank wackelten, klang das Versprechen, mit den Pershing II würde das aufhören, angenehm, und war zudem wertsteigernd für »das eigene Häuschen«. Nach Mutlangen war man gezogen, weil man raus aus der Stadt und hinauf ins Grüne wollte, weil es dort nett, sauber und ruhig war, vor allem im Neubaugebiet Költrain. Vital und zukunftsfreudig präsentierte sich der Boom: massive Betonbungalows, Villen am Waldrand, eine moderne Schule, frisch angelegte Tennisplätze, ein Ozon-Hallenbad, auf das man stolz war, und am Horizont die Schwäbische Alb, der Hohenstaufen und das Himmelreich.

Ein wenig störte man sich schon, dass ein paar Meter weiter zerbeulte Teertonnen herumlagen, Stacheldrahtrollen und hohe Zäune, wo man früher mit Kind und Hund spazieren gehen konnte oder Jugendbanden ihre »Lägerle« bauten. Überhaupt: Als Kind und Jugendliche sah ich oft Warnschilder: »Achtung, militärischer Schutzbereich«, und wer unbefugt weitergehe, riskiere scharfe Schüsse. Militärsperrzone also. »Was bilden die sich ein?«, ärgerte ich mich schon damals. Spaß machte es aber trotzdem, mit dem Bonanza-Fahrrad in die Gefahrenzone zu brettern, nur erwischen lassen durfte man sich nicht. Die Raketen, die Bedrohung, die waren schon immer da gewesen, warum kamen dann Leute hierher und regten sich jetzt darüber auf? »Koi Thema für uns«, sagten die Bürgermeister oben in Mutlangen und unten in der Stadt, und: »Lieber eine Pershing im Garten, als eine SS auf dem Dach. Lieber in Mutlangen gleich weg vom Fenster als danach als Krüppel weiterleben.«

Dass Leute aus dem ganzen Land zusammen mit der Pershing kommen würden, schwante allerdings den Behörden vor Ort. Die Polizei empfahl deshalb den amerikanischen Streitkräften, die Heide aus Sicherheitsgründen mit Stacheldraht einzuzäunen, zumal sich auch lokal die Demonstrationen häuften.[69] Der Ostermarsch 1983 von der Gmünder Innenstadt hinauf zur Mutlanger Heide war zahlenmäßig ein Erfolg, doch es zeigten sich erste Risse. Die SPD, die Grünen und der DGB weigerten sich, hinter »kommunistischen Fahnen« zu marschieren; die Friedensbewegung aber weigerte sich, diese Gruppen auszuschließen, bat stattdessen um Toleranz. Schließlich habe sich ausgerechnet die SPD mit ihrem Kanzler Helmut Schmidt bislang gerade nicht um Frieden bemüht.

Wichtig war es indes den Veranstaltern, dass alle Aktionen rund um den Ostermarsch gewaltfrei verliefen, in den Wochen vor dem Ostermarsch wurden entsprechende Trainings- und Wochenendseminare organisiert. Die Zeit bis zum Herbst drängte, der Widerstand von Gmünd musste eindeutiger, stärker, geschlossener werden.[70]

In dem Jahr, in dem die Pershings stationiert werden sollten, gab es die größten Demonstrationen mit Hundertausenden von Protestlern in der Geschichte der BRD. Ich erinnere mich an die Fernsehbilder, nicht aber an den Ostermarsch vor der eigenen Haustür, und habe auch Erhard Eppler nicht mitbekommen, der auf einer Kundgebung vor Ort gesprochen hat. »Dass unsere Interessen mit denen der US-Regierung oft nicht übereinstimmen, ist nicht eine Frage der Ideologie, sondern der Geografie. Da Moskau in Europa liegt, New York nicht, haben die Russen mehr Angst vor einem auf Europa begrenzten Atomkrieg als die Amerikaner.«[71]

Die Medien berichteten über den Heißen Herbst wie über Kriegsvorbereitungen eines Angreifers, der die nationale Sicherheit bedroht. Nachrichten über die Aktivitäten der Friedensbewegung wurden wie geheimdienstliche Informationen über feindliche Truppenbewegungen gehandelt. Friedenscamp gleich Feindesland. Gleichwohl war es das erste Mal, dass sich der zivile Ungehorsam in Deutschland als Zeichen einer reifen, politischen Kultur manifestieren konnte und damit gleichsam Prüfstein für eine reife Demokratie war.

Die Bevölkerung vor Ort wurde allmählich eingestimmt auf das, was sie im Sommer und im Heißen Herbst erwarten würde. Im evangelischen Gemeindezentrum Mutlangen lud man zu einer Veranstaltung, zu der durchaus auch ältere Leute kamen, um sich zu informieren. Aus der anfänglichen Distanz wurde wenn nicht Zustimmung, so doch Verständnis und Zuversicht, dass im Friedenscamp, das für den Sommer 1983 am Rand des Dorfes geplant war, weder Verbrecher noch Chaoten hausen würden.[72]

Alltagstrott zerstampft die Bevölkerung
Zielscheibe von Raketen, panzern sie ihre Seele
Mitwissen erpresst sie zu Boden, stillschweigend.

»Die Langmuter« heißt dieses Gedicht in der Dokumentation zur Friedensbewegung. Offenbar hat es die Friedensaktivisten auf den Plan gerufen, in Mutlangen aktiv zu werden, wenn dort keiner aufmuckt gegen die fatalistische Rhetorik von Erstschlag, Präventivschlag und Vergeltungsschlag. Denn: »Wer zuerst schießt, stirbt als zweiter.«

Und so kamen sie aus dem ganzen Land, aus den USA, Frankreich, selbst der Schweiz, um zu demonstrieren, wogegen vorher schon anderswo protestiert worden war.

Als es in Mutlangen immer heißer wurde, hockten die Einheimischen hinter gestutzten Hecken in ihren Einfamilienhäusern und warnten uns Jugendliche, nur ja nicht »da raus« zu gehen, das gebe Ärger, und die Polizei sei dort, also Verbot. Da schlichen wir uns dennoch Anfang August rüber ins Friedenscamp, genau am anderen Ende des Dorfes und eben nicht mehr auf der Gemarkung Mutlangen. Welcher Bauer hatte den Mut, den Friedensgruppen ein Feld für ein großes Zelt zu überlassen? »Unser Mut wird langen, nicht nur in Mutlangen«, hing in fetten Lettern über dem Zelteingang. So etwas hatte es noch nicht gegeben, wir waren wie elektrisiert: die Menschen, die Musik, das Lager-Feeling. Mutlangen, so eine einheimische Sympathisantin der Bewegung, war anders als Rehnenhof und Wetzgau, die Nachbarorte, wo viele Vertriebene und Spätaussiedler lebten. »Mutlangen war sehr konservativ, man hätte meinen können, da sitzen noch alte Nazis am Ruder.« Und wenn in Mutlangen gefeiert wurde, dann taten das Musik- und Sportvereine.

Doch was für uns Spaß war, war für die Aktivisten Arbeit: Im vierwöchigen Friedenscamp schloss man sich zu Gruppen zusammen, trainierte den gewaltfreien Widerstand und organisierte die Prominentenblockade. Wenn da immer nur ein paar Gmünder oder Mutlanger hocken, kommt keiner, aber wenn so ein Promi auftaucht, dann kommt's in der Presse, war wohl die Strategie der Organisatoren, u. a. Wolfang Schlupp-Hauck und Klaus Vack, die auch aufgehen sollte.

Bekannte Autoren, Wissenschaftler, Schauspieler kamen, Tausende Demonstranten hatten rund um Mutlangen schon ihre Zelte aufgebaut. Fühlte man sich belagert? Als einmal jemand über Nacht einfach so ein kleines Zelt im Vorgarten eines Reihenhauses aufgestellt hatte, war jedenfalls die Hölle los.

Eine Bekannte, angestellt in einem Gasthaus, erzählt, wie sie während des »Promi-Friedenscamps« kaum nachkam mit dem Bedienen. »Der Chef war in Urlaub gefahren und hat wohl gedacht, dass wir zwei jungen Frauen das schon alleine schmeißen.

Theke, Innenraum, Terrasse, vor allem über die Mittagszeit waren alle Tische besetzt mit Friedensbewegten, die glücklicherweise Verständnis dafür hatten, dass Kaffee und Essen nicht gleich auf dem Tisch standen.«

Am 1. September 1983, um 5.45 Uhr, zum Zeitpunkt des Überfalls der Deutschen auf Polen, begannen Prominente und etwa tausend Teilnehmer die Zufahrt zur Mutlanger Heide zu blockieren. Die Teilnehmer rechneten mit mehreren Hundertschaften Polizei. Die aber wollte sich keine Blöße geben und sich fotografieren lassen, wenn Heinrich Böll und Konsorten weggetragen wurden. Das belagerte Raketendepot wurde aus der Luft versorgt, und 500 deutsche Polizisten standen am Zaun herum. Der *Spiegel* sollte später schreiben, dass man sich »verarscht«[73] vorgekommen sei, denn die GIs hätten den Atom-Krempel in einer Nacht-und-Nebel-Aktion aus dem Lager gefahren. Wo zuvor noch dicht gereiht Hubschrauber, Militärlastwagen und Soldatenbusse gestanden hatten, wehte nun müde und einsam ein Sternenbanner. Deeskalation einmal anders. Und im Friedenscamp sorgten sich nicht nur die Promis, dass die Wirkung der Proteste einfach verpuffte. Während oben Günter Grass, Heinrich Böll, Petra Kelly, Gert Bastian, Heinrich Albertz und all die anderen Promis hockten, waren die Raketen womöglich unten in Gmünd. Es rumorte: Was tun, nichts tun, im Regen ausharren, das ist zu wenig, also runter die Mutlanger Straße, eine Menschenkette bilden und die Bismarck-Kaserne »umarmen«. Dietmar Schönherr warf sich vor dem Kasernentor in Pose. Und der Salzburger Zukunftsforscher Robert Jungk jubelte, denn immerhin war Mutlangen ein paar Tage lang atomwaffenfreie Zone.

Ein kleines Nachspiel sollte der Heiße Herbst in Gmünd noch haben: Der Vorsitzende des Kreisverbandes Rotes Kreuz, Röther, weigerte sich, auf der Mutlanger Heide Sanitäter und Erste-Hilfe-Stationen zu postieren. »Wenn Herr Böll herzkrank ist, dann soll er halt daheim bleiben.«[74] Und Röther weigerte sich, ein Rettungsfahrzeug und Verbandmaterial bereitzustellen. Denn von denen hätte er »noch nie einen beim Blutspenden gesehen.«[75]

Einige seiner Sanitäter aber hielten sich nicht an die Weisung, die Demonstranten sich selbst zu überlassen – wie der spätere FDP-Gemeinderat Robert Abzieher. »Wenn da was passiert wäre? Das war ein fahrlässiges Verhalten, deshalb sind wir direkt mit unseren Verbandskästen auf die Heide gegangen, mobil und privat sozusagen.« Mitglieder des DRK protestierten, Röther wurde zum Rücktritt gezwungen, nur um bei der nächsten Versammlung wieder als Vorsitzender gewählt zu werden: wegen seines ehrenvollen und unverzichtbaren Einsatzes im Dienste des Roten Kreuzes.

Und wie wurde der heiße Mutlanger Herbst in der örtlichen Presse beschrieben? Dass die Promis von so weit her kamen, darauf war man fast schon ein wenig stolz. »Die drei Tage im September brannten sich als Höhepunkt der Friedensbewegung in die Geschichtsbücher ein.«[76] Die Stimmung sei zwar friedlich gewesen, so der Lokalreporter Schütte, doch es lag eine enorme Spannung in der Luft.

Überhaupt schlug das Pendel der Weltgeschichte just zu diesem Zeitpunkt wieder in eine andere Richtung aus, da am 1. September die Sowjetunion ein koreanisches Flugzeug wegen Spionageverdachts abschoss – 269 Menschen kamen dabei ums Leben, derer noch während der Prominentenblockade gedacht wurde.

Endzeitstimmung

Wenn man also lange mit der Bombe gelebt hat, sich seit 1964 mit der Pershing I in Mutlangen und anderswo arrangiert hat, woher kam dann auf einmal der Widerstand Anfang der 1980er-Jahre? Warum kam es erst jetzt zu diesem Protest und nicht schon vorher gegen die Pershing I oder überhaupt gegen die amerikanische Besatzung, die zwei dominanten Kasernen? Die Militärsperrgebiete in den Wäldern, das zum Teil unbotmäßige Verhalten der amerikanischen Soldaten, das spätestens in den 1970er-Jahren nicht mehr einfach hingenommen wurde?

Dorothee Sölle erklärt es in ihrer Mutlanger Rede so: »Als Feiglinge halten wir uns an Gewalt, und zwar im doppelten Sinn: Wir glauben an die Gewalt und unterwerfen uns ihr. Wir denken, man kann doch nichts daran machen. Ich glaube, dass Millionen Menschen genau dieselben Gedanken und Gefühle wie wir haben über die Hochrüstung, über die kriegstreiberischen Reden der Reagan und Weinberger, sie haben genauso Angst vor der Militarisierung unseres Landes und vor den Führern, die die Megatoten einplanen. Aber sie haben sich der Gewalt unterworfen, sie leben in Resignation. Was können wir schon tun, wir sind abhängig von den Amerikanern, der kleine Mann hat nichts zu sagen. Das ist es, was Gandhi meinte, als er sagte: Als Feigling hielt ich mich an die Gewalt – ich vertraute ihr und ich unterwarf mich ihr.«[77]

Die Zeit war reif, in Deutschland und anderswo. Vietnam hatte zum Umdenken geführt. Eine Maopartei war selbst in Gmünd in den 1970ern gegründet worden, die APO und auch MLPD mischten mit. In den 70er-Jahren gab es sogar Anti-Vietnam-Demos in Gmünd, auf denen skandiert wurde: »Keine Waffen für die Affen«, wie mir einer der späteren Gründer des SPASS-Hauses erzählte, ein autonomes Jugendzentrum in Gmünd. Nicola Meloni, heute Professor für Kunstdesign in Darmstadt, antwortet auf die Frage, warum sich so wenig Gmünder gegen die Stationierung der Raketen gewehrt hätten, dass sich viele Leute an vielen Fronten engagiert hätten, und das hätte eben Kräfte gebunden.

Doch selbst Pax Christi – die katholische Organisation der Friedensbewegung – sowie einige Professoren der Pädagogischen Hochschule Schwäbisch Gmünd gingen auf die Straße, also keineswegs nur »Langhaarede« und Spinner.

»Ich habe mich extra gut angezogen, Schuhe mit Absatz getragen, was ich überhaupt nicht mochte, um zu zeigen, dass der Widerstand nicht nur von Jungen und Chaoten ausgeht, sondern von der gesamten Bevölkerung getragen wird«, sagt die Friedensaktivistin Lotte Rodi, eine der Galionsfiguren der Gmünder Friedensbewegung, die in den 1980er-Jahren zwischen alle Fronten geriet. »Wir mussten den Gmündern erklären, was da oben los ist, und dazu setzten wir uns eben auf den Johannisplatz, machten Infostände und klärten die Leute auf.«

Friedensengagierte, die sich im Kreis aufstellten und Flyer für den Frieden verteilten, daneben das besagte Café Margrit, wo sich Tantchen, Omas und die Popper der Region trafen. Doch wer wollte mit diesen seltsamen Leuten zu tun haben, langhaarig, komisch gekleidet, die immer so missionarisch drauf waren und einem was von einer atomaren Bedrohung erzählten, wo doch jeder in Gmünd quasi mit der Muttermilch aufgesogen hat, dass man gegen die Amis eh nichts machen kann? Warum habe ich aber dann den Eindruck, in meiner Jugend rebellisch gewesen zu sein? Nur weil ich bei Rot über die Ampel ging und in der Schule manchmal den Clown gab? Nicht mal in die Diskussion um die längst überfällige Gründung eines autonomen Jugendzentrums habe ich mich eingemischt. Dass deswegen das Hotel Josefle besetzt worden war und es sogar einen Piratensender gab, das Radio Aktiv, daran erinnere ich mich schwach, engagiert aber habe ich mich nirgends. Warum habe ich von all dem nichts mitbekommen? Wie konnte es sein, dass sich am anderen Ende des Dorfes Weltbewegendes zutrug, das mich und meine Freunde kaltließ? Weil ich anderes im Kopf hatte und nur fliehen wollte aus dieser Enge. Enge im Kopf und Enge im Herzen, so jedenfalls war es mir während meiner Jugend vorgekommen. Die Raketen spielten bei diesen Überlegungen keine Rolle, es waren die Menschen, die mir zu schaffen machten. Und mein damaliges Desinteresse macht mir heute zu schaffen. Heute interessiert es mich, wieso manche Menschen sich gegen Unrecht wehren und die meisten eben nicht. Warum interessiert mich die Friedensbewegung jetzt, mehr als dreißig Jahre später, da kein Hahn mehr danach kräht? Unbequeme Fragen, die mich an einem regnerischen Karfreitag zum Burghaldenweg in Mutlangen führen.

Ich soll über das Wildeck gehen und in der Kurve beim Fensterbau Krazer abbiegen. Von der Burg fehlt schon seit Jahrhunderten jede Spur. Bauern werden sie so lange für eigene Zwecke abgebaut und geschliffen haben, bis kein Stein mehr übrig war, nur noch ein Straßenname. Oder eben eine Halde, da wurden die Überreste einer Burg hineingeschaufelt und wieder zugeschüttet. Vielleicht aber waren die wenigen Reste in den letzten Tagen des Zweiten Weltkriegs beim Angriff amerikanischer Jagdbomber vernichtet worden, vielleicht geht Mutlangen deshalb auch jeglicher Charme ab, fehlt ein Dorfkern. Gut im Zuschütten und Verdrängen aber ist man nicht nur hier.

An diesem Karfreitagnachmittag kräht von irgendwoher ein Gockelhahn, Geruch nach Mist liegt in der Luft, Landluft. Das erste Gespräch findet am Küchentisch statt, mit selbstgebackenem Zopf, Kaffee und frischer Kuhmilch, im Hintergrund rattert die Spülmaschine, der Umluftherd stöhnt, ein normaler schwäbischer

Haushalt, läge da nicht die *taz* auf dem Küchentisch. Dort treffe ich auch zum ersten Mal Volker Nick.

Die Gastgeberin Christa Schmaus erklärt ihr Engagement für den Frieden so: »Ich bin in einem eher links gerichteten Haus aufgewachsen, damals konnte man die SPD noch als links ansehen. Da gehörte es sich, dass man in den 6oer-Jahren bei den Ostermärschen dabei war. Da war dann ein erster Baustein für mein politisches Engagement gelegt.« Als bekannt wurde, dass der NATO-Doppelbeschluss die Stationierung von Pershing-II-Raketen auch in Mutlangen vorsah, wachten nur wenige Menschen auf. Wozu die Aufregung, hat sich die Mehrheit der Bevölkerung wohl gefragt, die sich mehr über die Demonstranten, Chaoten und Blockierer echauffierte als über die Raketen. Trotz bissiger Kommentare und auch gelegentlicher Beleidigungen bleibt Schmaus dabei. »Mir hat es gefallen, dass sich hier so verschiedene Strömungen aus der Bevölkerung zusammengefunden haben und nebeneinander gegen die Raketen auf die Straße gingen.«

Spät am Abend machen Volker Nick und ich uns auf den Heimweg und gehen ein paar Schritte auf einer Straße, die ins Haselbachtal führt, wo einst auch Pershings in Stellung gebracht worden waren. »Auf dieser Straße kam ich 1983 nach Mutlangen«, sagt Volker Nick leise in den Abend hinein, fast wie zu sich selbst.

Noch als Ende November 1983 das Parlament die Stationierung absegnete, schien die Friedensbewegung wie ein Kartenhaus in sich zusammenzufallen. Fortan sollte sich die Bewegung zersplittern in eine Handvoll Leute, die mehr Gewalt forderten, und andere, die zum zivilen Ungehorsam aufriefen. Und die dritte, wohl größte Gruppe tanzte resigniert auf dem Vulkan, weil ja doch alles vergeblich war. Manche verfielen in Depressionen, einige haben sich das Leben genommen.

Die Sängerin Nicole hatte zwar mit »Ein bisschen Frieden« im April 1982 den Grand Prix de la Chanson gewonnen, da Frieden durchaus ein virulentes Thema war und sich »nuclear pop«

gut vermarkten ließ, aber bei Friedensdemonstrationen hatte sie nie mitgemacht, denn die ändern eh nichts in der Welt, sagte sie in einem Interview. Zudem sei es ihr gar nicht um den politischen, sondern den persönlichen Frieden gegangen.[78] Nena legte mit »99 Luftballons« nach, die von Politikern mit Düsenfliegern attackiert werden, womit der Atomkrieg eingeleitet wird. Mit ihrem Song wollte sie auf die paranoide Grundstimmung hinweisen, aber keineswegs Kritik an der Rüstungspolitik üben. Und Alphaville sang »Forever young« für tanzende Jugendliche, deren Träume obsolet geworden waren: »Hoping for the best, but expecting the worst.«

Endzeitstimmung everywhere. Deshalb war gerade damals mehr möglich. Man traute sich auf einmal, Sachen zu machen, ließ sich von Drohungen nicht mehr länger einschüchtern, wollte einfach nur noch so gut wie möglich leben. Das traf auch auf mich zu. Paris, Berlin mussten es sein, Spaß wollte ich haben und das Leben leben, das ich wollte. Politik hatte da offensichtlich keinen Platz.

Endzeitstimmung beschwor man auch in den USA herauf mit Plakaten, auf denen stand: »Buchen Sie eine Reise nach Europa, solange es Europa noch gibt!« Als ob der Dritte Weltkrieg schon morgen ausbrechen könnte.

Nach den vergeblichen Demonstrationen 1981, 1982 und erst recht 1983 saßen die Enttäuschungen noch tief, besonders bei den Jugendlichen, da ihnen klar aufgezeigt wurde, wie wenig ihr Protest bewirkte.[79] Deren nachlassendes Vertrauen in Institutionen mündete in ein Gefühl der Ohnmacht, die sich gewalttätiger in der Hausbesetzerszene und bei Jugendunruhen entlud nach dem Motto: »Legal, illegal, scheißegal.«

Die Raketen wurden stationiert, Freunde aus Schwäbisch Gmünd und Umgebung gingen jetzt erst recht nach Berlin, wo sie sich vor der Einberufung zum Militär sicher fühlten. Und die konservativen Medien schrieben hämische Nachrufe über die Friedensbewegung.

»Wenn aber das Gesetz so beschaffen ist, dass es notwendiger-
weise aus dir den Arm des Unrechts an einem anderen macht,
dann, sage ich, brich das Gesetz. Mach dein Leben zu einem Ge-
gengewicht, um die Maschine aufzuhalten«,[80] so Thoreau. Ausgerechnet Mutlangen sollte zum Symbol des zivilen Ungehorsams
werden, weil sich hier die ungewöhnlichste und geduldigste Pro-
testbewegung etablierte, die Deutschland je erlebte.

Atomkrieg vor der Haustür

Die neu gewählte Regierung unter Helmut Kohl fasste die März-wahl von 1983 falsch auf: Die CDU hatte wegen ihres Wirtschafts-programms gewonnen, die Wahl war keine Zustimmung zu ihrer Rüstungspolitik. Denn Umfragen zufolge war mehr als die Hälfte der Bevölkerung gegen die Stationierung der Pershing II, sonst hätten sich wohl kaum so viele Menschen für Demonstrationen mobilisieren lassen. Die Parlamentsdebatte Ende November sei ein erbarmungswürdiges Schauspiel von Unterwürfigkeit und Unterwerfung, Selbstentmachtung und Ohnmacht des Parla-ments gewesen, so die Grünenpolitikerin Marieluise Beck-Ober-dorf. Das Parlament habe eine Entscheidung sanktioniert, die ausländische Politiker getroffen hatten.

Mit der Stationierung wurde das Recht auf Leben und das Recht auf körperliche Unversehrtheit verletzt. Solange die NATO mit dem Doppelbeschluss von einer Verteidigungsstrategie auf Angriffsstrategie übergehe, sei die Aufrüstung eine reale An-griffsdrohung, an der die BRD unmittelbar teilnehme. Weil die Bundesregierung die Verantwortung für die Bevölkerung nicht wahrnahm, mussten die vielen lokalen Friedensbewegungen dies übernehmen. Denn unsittlich ist das Verhalten von Bürgern dann, wenn der Staat vom Bürger verlangt, Unrecht zu begehen, so die Argumentation der Friedensaktivisten.

Der Erfolg und die Nachhaltigkeit der Friedensbewegung be-standen schon vor der Stationierung der Raketen in der kleintei-ligen Vernetzung auf lokaler und oftmals auch berufsbezogener Ebene. Dies zeigte sich auch bei der Gründung der Gmünder

Friedensinitiative, die aus mehreren Gruppierungen bestand, was sich nun bei den Aktionen, Demonstrationen und den Blockaden auch in Mutlangen bewähren sollte. Die Großdemonstrationen und Menschenketten waren letztlich Ausdruck eben dieser Verankerung in der Gesellschaft, eine Summe Tausender Aktivitäten im Kleinen. Die Kommunikation erfolgte von unten nach oben, und Großveranstaltungen dienten dazu, die kleinen Aktionen und Gruppen vor Ort zum Weitermachen zu ermutigen und Strategien zu entwickeln.

Um den Widerstand vor Ort anzuheizen, war es erst einmal wichtig, die Militärstandorte publik zu machen. Das hat rund um die Aktionen gegen den Bau von Atomkraftwerken schon einmal genützt. Bei den Anti-AKW-Protesten beispielsweise in Wyhl war es gelungen, ländliche konservative und bäuerliche Kreise zu mobilisieren, dort schlossen sich gar Teile der örtlichen CDU gegen die Landesregierung in Stuttgart zusammen.[81]

Die Atomwaffenkarte, die der *Stern* 1981 veröffentlichte, galt als bedeutsames Instrument dieser Strategie. Waren die Militärarsenale und Raketenstützpunkte erst einmal lokalisiert, war damit gleichsam die Schönfärberei der amerikanischen Armee und der Bundeswehr entlarvt. Die Bevölkerung wurde zum Mitmachen aufgerufen: Man solle genau beobachten, ob es beispielsweise in der Umgebung Planungen für Standorte gebe. Auf diese Weise entstand eine regelrechte Ratgeberliteratur zur Identifizierung von Atomwaffen und Durchführung lokaler Militäranalysen. Militärstandorte wurden zum Ziel der Friedensbewegung, Sonntagsspaziergänge und Busfahrten organisiert, auch nach Mutlangen. Der Friedensforscher Alfred Mechtersheimer rief 1983 gar dazu auf, den »Sommerurlaub« zu den Schauplätzen des Nachrüstungsbeschlusses zu verlegen. »Macht Urlaub in Deutschland! Lernt die Schauplätze des Nachrüstungswiderstands kennen!«[82]

Im Gmünder Raum gab es Wandertipps zu Militäreinrichtungen und Übungsstellungen, ironisch wurden die Beobachtungen im *Gegendruck* notiert: »Tieflader, schwere Lastkraftwagen und technisches Material wurden zu einem magischen Zirkel im Kreis angeordnet (rituelle Zeremonie?), in dessen Mitte ein längliches rundliches Gebilde auf einer Lafette aufgerichtet wird (Fruchtbarkeitskult?). Nur wenige Meter entfernt wiederholt sich das Schauspiel im Mondlicht, wird die Macht des riesigen stählernen Rohres mit seiner brisanten Spitze zur Schau gestellt.«[83]

Die Sonntagsspaziergänge wurden im Januar 1984 in Mutlangen aufgenommen, doch nicht immer zum Gefallen der örtlichen Friedensbewegung, die mühsam und in Kleinstarbeit Formen des gewaltfreien Widerstands ausgehandelt hatte. Jeden Sonntag versammelte sich ein buntes Häufchen von Demonstranten und zog um das Depot, lieferte sich oft genug ein naives Räuber-und-Gendarm-Spiel mit der Polizei, ein paar Spaßkrawallmacher legten Krähenfüße auf die Straße, da griff sich die Polizei durchaus den ein oder anderen heraus. Der Friedensaktivist Wolfgang Schlupp-Hauck, Mitstreiter von Lotte Rodi, ließ sich auch mal freiwillig verhaften, um mit einem Polizeibus abtransportiert zu werden und bei der Gruppe der Festgenommenen bleiben und vermitteln zu können.[84]

Das genaue Beobachten galt nicht allein den festen Einrichtungen, sondern auch Manövern. In Mutlangen ermöglichte es die Dauerpräsenz in der Pressehütte, dass über jede Bewegung Buch geführt und die Erkenntnisse den Medien sowie den Gruppen in Gmünd und Mutlangen mitgeteilt wurden. Nur so kam so mancher Unfall erst an die Öffentlichkeit, da man stets versuchte, alles zu vertuschen, wie beispielsweise der bereits erwähnte Unfall des Dieselgenerators, der zur Verschmutzung des Grundwassers führte. Und auch dem vertraglich vereinbarten Abzug der Raketen 1988 konnte mit genauen Eintragungen widersprochen werden, denn Militärmanöver etc. fanden nach wie vor statt.

Der Einsatz des ganzen Körpers war immer wieder ein Thema bei Aktionen für den Frieden, vor allem vor amerikanischen Militäreinrichtungen. Bei den Blockaden, wie sie nach 1983 vor allem in Mutlangen praktiziert wurden, wurde der Körper da platziert, wohin er nicht gehört, nämlich mitten auf die Straßen und auf Zufahrten zu Militäranlangen. Dieser offene Regelverstoß war eine bewusste Provokation, um Widerstand zu zeigen. Die Provokation wurde denn auch oft genug strafrechtlich geahndet. Blockaden konnten die Aufrüstung zwar nicht verhindern, aber behindern, ernteten bei der einheimischen Bevölkerung aber nicht immer Beifall.

Die Menschenketten waren als neue Protestform für jene attraktiv, die der Massendemonstrationen überdrüssig waren und weil hier der Einzelne sichtbarer war. Wenn sich 300.000 bis 400.000 Hände verknüpfen, wie beispielsweise 1983 von Stuttgart nach Neu-Ulm, so zeige dies eine ganz eigene Qualität menschlicher Beziehungen.[85]

Das Ziel einer Demonstration ist hingegen, möglichst viele Menschen an einem Ort zu bündeln, um Macht zu demonstrieren. Mal wurde mit Musik demonstriert, mal schweigend. Im Schweigekreis, der auch auf dem Gmünder Johannisplatz immer wieder gebildet wurde, ging es um die Vorstellung von Gemeinschaft und Zusammenhalt. Man schwieg, weil Politiker den Frieden zerredeten, weil Worte fehlten. Manchmal wurde während so eines Schweigekreises auch das Rauchen verboten und selbst das Kaugummi-Kauen.[86]

Menschenteppiche, die sogenannten Die-ins, sollten zeigen, welche Folgen ein Atomkrieg haben konnte. Wie tot lag man auf der Erde, nebeneinander, übereinander, hinderte mit diesen Teppichen aus Leibern auch Menschen und Fahrzeuge am Weiterkommen, so z.B. immer wieder vor der Bismarck-Kaserne in Schwäbisch Gmünd. Aus Köln wurde berichtet, wie sich bei einer Aktion nach einem unüberhörbaren Sirenenklang Leute auf den Boden fallen ließen, Menschen in Ärztekitteln kamen, an Umstehende Erste-Hilfe-Tüten verteilten – und Lose für Bunkerplätze, die aber allesamt Nieten waren.[87] Anders als Demonstrationen zeigen solche Menschenteppiche nicht die Macht, sondern

Ohnmacht, es wird keine Forderung erhoben, sondern die Verletzlichkeit menschlichen Lebens verdeutlicht.[88]

Weniger bekannt sind die Arbeitsniederlegungen oder Aktivitäten innerhalb von Unternehmen. Zwar hatten sich die Gewerkschaften in den 1950er-Jahren gegen die Wiederbewaffnung der BRD gestellt, aber noch zu Beginn der 1980er-Jahre drohte die IG Metall denjenigen mit Ausschluss, die bei den Demonstrationen gegen die Pershings mitmachten. Später aber habe sie eingeschwenkt, die Friedensbewegung war einfach nicht mehr aufzuhalten, erklärt Werner Jany, nicht nur Redakteur für den *Gegendruck*, sondern auch Gewerkschafter.

Und schließlich waren vor allem Arbeiter in Großbetrieben in der Lage, notwendigen Druck herzustellen. Im Ableger der Zahnradfabrik Friedrichshafen (einer der prominentesten Rüstungsfirmen am Bodensee)[89] jedenfalls, größter Arbeitgeber in Schwäbisch Gmünd, bildete sich ein Friedenskomitee.[90] Zehn Arbeiter und Angestellte hatten sich organisiert, um die Gefahren und Folgen eines Atomkriegs aufzuzeigen und die Forderung der Grünen zu unterstützen, eine Volksbefragung zur Stationierung der Raketen durchzuführen. Nach Erscheinen des ersten Flugblatts wurden die Unterzeichner vor die Geschäftsleitung zitiert, und die Kriminalpolizei ermittelte. Dieses Vorgehen gab dem kleinen Friedenskomitee erst recht Auftrieb. Im Oktober 1983 kam es gleich zweimal zu Arbeitsniederlegungen für jeweils zehn bis fünfzehn Minuten: zum Gedenken der Toten des Ersten und Zweiten Weltkriegs und gegen die Stationierung der Raketen.

Offenbar hatte die Kripo den Braten gerochen, die Arbeiterschaft als Potenzial gesehen und versuchte nun, einen Spitzel anzuheuern, einen, der intern für die Verteilung der Post zuständig war. Ganz freundlich fragte man den Arbeiter G. zuerst nach seiner finanziellen Situation, legte ihm eine Liste mit Namen von Kollegen vor und wollte wissen, was er von dem einen und dem anderen halte, fragte ihn sogar nach dem örtlichen Piratensender. Man gab ihm ein paar Tage Bedenkzeit, dann würde sich jemand vom Landesverfassungsschutz melden. Der Fall wurde aber publik, denn Kollege G. war ausgerechnet Vertrauensmann der IG Metall in der Fabrik. Offenbar hatte der Verfassungsschutz immer wieder versucht, Betriebsräte und Vertrauensleute anzuwerben.[91]

Die Straße mit Kreativität zu erobern, war ebenfalls Ziel vieler Aktionen, auch wenn in Gmünd der *Gegendruck* schon mal monierte, es fehle nur noch das Kettenkarussell.[92] Bei den Demonstrationen im Bonner Hofgarten sei eine »ganze Stadt in den Rhythmus und Wirbel einer von Subkulturen getragenen, expressiv-beschwingten Massenveranstaltung« hineingezogen worden, beobachtete Jürgen Habermas und verglich die bundesweiten Aktionen für den Frieden mit der Besetzung von Bauplätzen in Wyhl, den Hausbesetzungen in Kreuzberg. »Dieses Amalgam von Friedens-, Umweltschutz- und Frauenbewegung ist nichts, was man wie eine Partei verbieten könnte.«[93] Sehr zum Leidwesen der Polizei und der Mutlanger, die zusehen mussten, wir ihr Dorf von einer Handvoll Friedensbewegten lahmgelegt wurde.

Nicola Meloni erinnert sich, wie brutal die Polizisten mit Schlagstöcken gegen die Demonstranten vorgegangen seien. Polizisten habe man oft stundenlang in den Mannschaftswagen warten lassen, sie regelrecht auf die Demonstranten und Blockierenden losgelassen, ja, wie wild gewordene Hunde haben die sich benommen, so Meloni.

Aufgefallen ist auch Lotte Rodi, dass die Polizeieinheiten aus der Nachbarstadt Göppingen besonders hart gegen die Blockierer vorgegangen seien, wohingegen die Gmünder Polizisten offenbar darin geschult wurden, mit Aktionen des zivilen Ungehorsams entsprechend und verhältnismäßig umzugehen.

Unter den Gmünder Polizisten hat es durchaus einige gegeben, die mit den Friedensbewegten sympathisierten, erfährt man aus Gesprächen. Eine Klassenkameradin erzählt mir, dass ihr Vater, der bei der Polizei war und oft genug auf der Mutlanger Heide Wache schob, sie ermunterte zu demonstrieren, er dürfe ja nicht.

Im ganzen Land wurden mit solchen Aktionen und Veröffentlichungen in der alternativen Presse das Militärische sichtbar gemacht, um aufzuzeigen, wie sich globale Zusammenhänge lokal verorten lassen. Die Akteure trafen oft an symbolisch bedeutsamen Orten aufeinander, vor Rathäusern, Militäranlagen, Bunkern, um den Bürgern klar zu machen, dass auch sie ganz direkt betroffen sind, selbst wenn Politiker und amerikanische Generäle stets zu beschwichtigen versuchten – insbesondere in Gmünd und Mutlangen zeigte sich dies auf eklatante Weise, da niemand wusste, wo was konkret gelagert wurde. So konnte man das Unvorstellbare nicht mehr länger verdrängen, denn es betraf jeden. Und dann, so das Kalkül der Friedensbewegung, würden sich die Menschen schon wehren und erheben.

Wie viel Gandhi
verträgt Mutlangen?

Überhaupt keinen, meinte ein Professor bei einem politischen Montagsgespräch in der Gmünder Pädagogischen Hochschule. Das sei in diesem Kulturkreis hier nicht lebbar.[94]

Tatsächlich schlugen die Wellen hoch. Der Widerstand nicht etwa gegen die Raketen, sondern gegen jene, die dagegen protestierten, ist auch heute noch in Gesprächen spürbar. »Was willst du denn von denen?«, werde ich bei meinen Recherchen gefragt. »Stand doch alles schon in der Zeitung, interessiert heute doch keinen mehr.« Ich muss abwägen, wen ich dazu befragen kann. Wer wird gleich rot vor Zorn, wer wiegelt ab, wer horcht interessiert auf?

Denn das alles hatte ja ohnehin nichts mit uns zu tun, war eher von außen gesteuert als von Ortsansässigen organisiert. Sagen die Einheimischen noch heute, wiegelten damals Landesregierung und Bürgermeister ab. Das war auch mein Eindruck gewesen, deshalb interessiert mich heute vor allem, wer von den Einheimischen sich heimlich oder auch öffentlich auf die Seite der Stationierungsgegner zu stellen traute? Die Gemengelage ist kompliziert, wenn ich Freunde und Bekannte frage, woran sie sich erinnern, warum sie mitgemacht oder eben nicht mitgemacht haben, was sie so gedacht haben, als die Friedensbewegten nach Mutlangen kamen.

»Da sind wir halt ein paar Stunden rauf und haben Blockade gemacht, das war eher spontan, wir haben auch Unterlagen aus Styropor mitgenommen, war ja immer saukalt.«

"

»Ich bin vielleicht einmal hingefahren zum Gaffen, eher wie eine Touristin.«

»Friedensbewegung war voll geil.«

»Ich hatte eh den Eindruck, dass die Friedensbewegung von außen gepusht war. Ich erinnere mich an coole Konzerte, die hätten so nie in Mutlangen stattgefunden.«

»Ha, wäge de Mädle sind wir hin, die waren toll.«

»Das Flair, die ungewöhnlichen Happenings, das hätte so ohne Weiteres nie in Mutlangen stattgefunden. Bei den Demos bin ich halt einfach mitgegangen, ohne zu wissen, worum es genau ging. Echt problematisch. Ich wusste ja noch nicht mal, was da draußen auf der Heide wirklich Sache war.«

Diese letzte Erinnerung deckt sich mit meiner. Nicht wirklich wissen, was da los war, schon spannend irgendwie, aber mehr auch nicht. Und es hing immer die Warnung in der Luft: Geht da bloß nicht hin, das sind langhaarige Kriminelle. »Wenn ich dich mit denen sehe, dann setzt's Prügel«, habe ihr Vater gedroht, erzählt mir eine Bekannte viele Jahre später.

Viele Mutlanger reagierten erleichtert auf die Pershing II, weil die bis dahin auf der Heide stationierten Hubschrauber abgezogen wurden. Die Lärmbelastung sank damit enorm, doch stattdessen tauchten nun Unmengen von Demonstranten auf. Und wegen denen standen die Lastwagen der US-Army mit laufendem Motor mitten in Mutlangen. »Der Dieselgestank hat die Anwohner gestört. Und die Raketen? Vor denen fürchtete sich niemand. Aber vor der Friedensbewegung. Langhaarige Chaoten und Kommunisten-Freunde, ›Gesindel‹, wie damals eine Zeitung schrieb«, erinnert sich Lotte Rodi an den Zeitgeist damals.

Und wer doch Sympathie mit der Friedensbewegung hatte, der zeigte sie nicht offen. Sonst war man unten durch im Ort. Klar, wenn selbst der katholische Pfarrer Thierer von der Kanzel herunterpredigte: »Wir brauchen die Raketen und nicht solche Leute wie die.« Gleichwohl waren Gottesdienste die einzige Möglichkeit, sich über Lagergrenzen hinweg zu treffen. Man musste doch etwas tun, man wollte wissen, was denn nun wirklich los war, man musste hier doch irgendwie leben. Und damals hatten die Pfarrer noch etwas zu sagen. Nach dem Gottesdienst ging's hinaus auf die Heide, auch wenn sie da nie aktiv mitgemacht habe, erzählt Christa Schmaus.

Dass es auch anders gegangen wäre, zeigte Bürgermeister Schuler, der die Gmünder Gemeinde Böbingen zur atomwaffenfreien Zone erklärt hatte. Er selbst hat die Schilder aufgestellt. Nach seinem Kollegen in Mutlangen gefragt, meinte er, der sei ein echtes »Schlitzohr«,[95] Mutlangen schon ein gefährliches Pflaster, und er würde auf keinen Fall für den Bürgermeisterposten kandidieren, den Hartmann 1986 freigab.

Die Rechnung der deutschen Behörden ging auf, wonach sich die Bevölkerung in Schwäbisch Gmünd und Mutlangen schon nicht wehren würde, hatte es doch all die Jahre zuvor auch nie Widerstand gegen die Stationierung der Pershing I gegeben. Nicht gerechnet hatten sie offenbar mit der Ausdauer und Geduld der Friedensbewegten, die Einheimischen ebenso wenig. Vor dem Heißen Herbst kam das Gerücht auf, es würde sich in Mutlangen eine Bürgerwehr formieren, wenn es denn so weit sei. Eine »Konservative Aktion« habe sich bereit erklärt, in Mutlangen eigenhändig Leute wegzutragen, falls es notwendig sein sollte. Und leider gingen die Demonstranten nicht einfach nach der Stationierung wieder weg, sondern blieben, nisteten sich ein in der Pressehütte. Das wiederum führte zu einem hohen Polizeiaufgebot vor Ort, zu starken Beeinträchtigungen des täglichen Lebens. Man konnte nicht mehr einfach auf der Heide spazieren gehen, ohne angepöbelt zu werden von Demonstranten oder Polizisten. Und alkoholisiert Auto fahren gehe jetzt schon gar nicht mehr, wurde im Dorf gemurrt. Einzelhändler klagten über

Umsatzrückgänge und griffen zur Selbsthilfe, sammelten Unterschriften für eine »Demonstrationsfreie Zone Mutlangen«.[96] Die Unterschriftenliste wurde Bundeskanzler Helmut Kohl zugesandt mit der Bitte, die »störende Dauerpräsenz der Blockierer« endgültig zu beenden, auch um sich die Festlichkeiten rund um das 100-jährige Bestehen des Turnvereins Mutlangen nicht von einer Handvoll chaotischer Demonstranten verderben zu lassen.[97] Bürgerschaftlicher Ungehorsam war in der Provinz undenkbar, und Oberbürgermeister Schoch aus Gmünd sah in Ruhe und Besonnenheit höchste Bürgerpflicht.

Der Riss ging mitten durch die Gesellschaft, auch anfängliche Sympathie schwand, wie eine andere erzählt: »Am Anfang war ich voll dabei, das ging mich ja auch was an, und bei der Menschenkette habe ich noch mitgemacht. Aber irgendwann wurde mir das einfach zu viel, die ganzen Predigten, so kam mir das immer vor, und die seltsamen Gestalten, die das Demonstrieren zu ihrem Beruf gemacht haben, denn gearbeitet haben die ja nix.«

Und wenn's ernst wird, rufen sie doch die Polizei, machte man sich in Mutlangen lustig über das Pack da draußen in der Pressehütte. In einer Januarnacht 1984 waren fünf offensichtlich angetrunkene Männer in die Pressehütte eingedrungen. Sie wurden gebeten, das Haus zu verlassen, was sie irgendwann auch taten, nur um vor dem Haus sämtliche Schilder zu zerstören und zu brüllen: »Leute wie euch sollte man abknallen!« Die Pressehüttler riefen die Polizei, die 15 Minuten später eintraf und lapidar meinte: Sei ja klar, dass es irgendwann eskalieren würde.[98]

Als sich 1982 die örtliche CDU darüber beschwerte, dass Teilnehmer der Friedensdemo sich am Eigentum politisch Andersdenkender vergriffen und die CDU-Geschäftsstelle beschädigt hätten, stellte sich heraus, dass der Polizei der Schaden schon vor der Demonstration gemeldet worden war und die Vorwürfe allesamt unhaltbar waren.

Auch in Mutlangen verbreiteten Polizisten Unwahrheiten, um die Friedensaktivisten zu diffamieren. Offenbar hätten die über Ostern sämtliche Kanaldeckel in Mutlangen ausgehängt, Schwerverbrecher allesamt. Doch als auf dem örtlichen Polizeirevier und bei Bürgermeister Hartmann nachgefragt wurde, wusste man von nichts.[99]

Ihr gehört an die Wand gestellt.
Ihr gehört zusammengeschlagen.
Ihr gehört auf den Boden geknallt.
Euch hat man in Dachau vergessen zu vergasen.
Ihr gehört alle erschossen.
So ein kleiner Adolf gehört her,
    dann würdet ihr hier nicht stehen.
Arbeitsscheues Gesindel.

Wie ein ständig wiederkehrender Refrain, der Gesang des Dorfes, der Stadt.

Da die Künstlerin Luise Scholl solche Worte fast täglich hörte, traute sie diesen Menschen ohne Verstand, ohne Gewissen und blind vor Gier nach Bequemlichkeit, Geld und Macht alles zu. »Sie behaupten, der Russe kommt, wenn die Pershing II nicht hier ist. Dabei ist er vorher auch nicht gekommen. Sie glauben, die Technik sei hundertprozentig sicher, obwohl es schon so viele Unfälle und Fehlalarme gab.«[100]

Wer war von den Gmündern und Mutlangern nun wirklich dabei? War es wie beim erfolgreichen Widerstand in Wyhl gegen die Errichtung eines Kernkraftwerks am Kaiserstuhl, der von breiten Teilen der Bevölkerung, von Landwirten sowie Intellektuellen und Künstlern getragen worden war? Oder wie in der Hausbesetzerszene in Berlin, wo sich eher linksalternative Jungs und Mädchen aus der Mittelschicht tummelten, oft aus gutem Hause, mit Abitur und kritischem Bewusstsein?

Angst hatten die Lehrer vor Ort, die gegen die Stationierung waren, nur wenige trauten sich, an den Demonstrationen teilzunehmen, und irgendwer kannte irgendwen, der auch verhaftet worden war und Berufsverbot bekam.

Es gab durchaus Unterstützung in der Bevölkerung, sonst hätten sich beispielsweise die Friedensaktivisten nicht in der Pressehütte einrichten können. Die Familie Oesterle stellte ihre Scheune, in der sie Kanarienvögel züchtete, den Friedensbewegten zur Verfügung. Als Jugendliche stand ich immer mal wieder fasziniert vor den Fenstern des Schuppens, um einen Blick hineinzuwerfen in das Geflatter – ja, buntes Flattern kommt mir in den Sinn, als ich vor der Scheune stehe, rundum Gedenktafeln mit Zitaten:

Täglich werden Tausende dafür bezahlt,
den Krieg vorzubereiten.
Ohne Waffen, aber nicht wehrlos.
Kreativ und mit der konstruktiven Kraft der Gewaltfreiheit.
Ich bekenne mich offen einer Verkehrsbehinderung schuldig,
nicht aber einer gewaltsamen und verwerflichen Nötigung.

Während der Prominentenblockade September 1983 hatten sich die Journalisten, die aus der ganzen Welt nach Mutlangen geströmt waren, dort in der Scheune eingerichtet, weshalb das Vogelhaus zur Pressehütte wurde. Ob Oesterles den Holzschuppen aus Solidarität mit der Friedensbewegung oder aus Rache wegen einer nicht erteilten Baugenehmigung zur Verfügung stellten, bleibt unklar, jedenfalls wurden sie ihres Lebens nicht mehr froh. Müll landete fortan regelmäßig vor ihrer Haustür und im Garten, man urinierte vor ihrem Grundstück. Der Mann starb früh, die Frau zog weg.

Aber nicht nur Oesterles gehörten zu diesen Ausnahmen: Ein Bauer, der die Friedensbewegten mit Lebensmitteln versorgte. Ein Klempner, der in der Pressehütte eine funktionierende Toilette einbaute, ohne Geld dafür zu verlangen, aber darum bat, dass sein

Name nicht genannt werde, sonst bekäme er keine Aufträge mehr. Leute aus dem Dorf, die den Blockierenden vor den Toren des Depots heiße Getränke brachten, wenn es regnete und schneite. Christa Schmaus erzählt von bissigen Kommentaren über die Friedensaktivisten und Beleidigungen, sie selbst aber hatte lediglich ein paar Diskussionen mit Freunden. »Da ging es teilweise auch um Panzerlieferungen an Saudi-Arabien, die von sehr frommen Katholiken verteidigt wurden, sonst würde es ja ein anderes Land liefern und dann hätten wir nichts daran verdient. Über so etwas und Ähnliches wurde also hin und her geredet.«

Lotte Rodi bestätigt, dass die meisten Leute von außen kamen, andere wiederum meinen, nein, mindestens zur Hälfte waren immer auch Einheimische dabei. Werner Jany vom *Gegendruck* sieht durchaus, dass wichtige Impulse von außen gekommen sind.

Eine Sympathisantin der Bewegung, die öfter in den letzten Reihen mitmarschierte, denn von irgendwoher habe man immer mitbekommen, dass da wieder was läuft, erzählt: »Die Leute von hier hätten ohne den Einsatz der Leute von außen nie diesen Widerstand leisten können, wir wären in diesen Strukturen gefangen geblieben, hätten nichts dagegen machen können. Es war also absolut notwendig, dass Leute von außen gekommen sind, uns aufgerüttelt und ermutigt haben, uns gegen die Stationierung zu wehren.«

Letzten Endes waren diese Friedensbewegten wie Aufwerfungen auf einer scheinbar glatten Oberfläche, die man immer wieder poliert. Am Samstag das Auto waschen, da wird auch der Rasen gemäht, das Haus geputzt. Hinter diesem Schein brodelte es auch nicht sonderlich, jedenfalls nicht mehr oder weniger als anderswo. Bis diese Unruhestifter gekommen sind und mit ihnen Sand, der ins Getriebe rieselte.

Kritik kam aber auch von einer ganz anderen Seite: Es war zu den größten Demonstrationen in der Geschichte der BRD gekommen, Millionen von friedensbewegten Menschen hatten sich versammelt – nichts hatte das gebracht. Einige wollten nicht mehr länger nur »We shall overcome« singen, sondern forderten gezieltere und effizientere Aktionen. So monierte auch der *Gegendruck*, dass die Friedensbewegung dabei sei, zu einem »Bet- und Meditationsverein mit soziokulturellem Anspruch zu werden«.[101]

Und ein Künstler fordert mehr Fantasie. Die Großmächte seien ineinander verkeilt, doch oben in Mutlangen gebe es nur Mahnwachen und Blockaden: »Man steht und sitzt da. Stunden um Stunden, Tag für Tag. Bei Schnee und Kälte. Manche tun nichts anderes seit Oktober. Dazwischen aufregende Minuten durch Polizeieinsätze. Gesundheit, Beruf und Familie werden riskiert. Was soll dieses sinnlose, stumpfsinnige Märtyrertum? Es geht doch nicht um die Wahrung der Treue zu einer bestimmten ritualen Form der Selbstfolterung, bei der allmählich das Hirn einpennt oder einfriert.«[102] Mit blau gefrorenen Fingern, Hintern und Hirn könne man den Abzug der Raketen nicht bewirken, es brauche mehr Qualität der Mittel, mehr Fantasie bezüglich der Formen des Widerstands. »Der Mut wird langen, aber der Mut allein langt eben nicht.«[103]

Die Skepsis der Linken zeigt sich u. a. in der Berichterstattung der *taz*, die auch nicht gut auf die »Kampagne Ziviler Ungehorsam bis zur Abrüstung« zu sprechen war. Die berichtete eh nur, wenn Steine flogen, meint Volker Nick, registriert aber in der Dokumentation durchaus die Resignation innerhalb der Friedensbewegung, die nur den Kopf schüttelt und Blockaden für »ausgelutscht«[104] hält. Die Linke hätte sich gern militantere Mittel gewünscht, denn »Friedensbewegung war Graubrot«[105]. Werner Jany vom *Gegendruck* schrieb damals auch für andere Zeitungen. Als einmal bei einem Ostermarsch dänische Friedensaktivisten auf die Mutlanger Heide vordrangen und Jany in der *taz* titelte, »Schüsse in Mutlangen«, hagelte es heftige Kritik vonseiten der Anhänger des gewaltlosen Widerstands.

Andere linke Kämpen, die sich an Mutlangen erinnern, lächeln spöttisch, wenn ich ihnen von meinen Recherchen erzähle.

Blumen, Rasseln und Menschenketten, sich auf die Straße setzen – damit bewegten sich die Raketen keinen Zentimeter vom Fleck, meinte einer zu mir. »Und da wollten die mich doch tatsächlich überreden, den Pflasterstein wieder hinzulegen. Nee … Friedensbewegung, das war nichts für mich. Fight or flight.«

Kaum zu glauben indes, dass die Ausstrahlung des ein wenig eindimensional angelegten Films *Zwischen zwei Bildern*[106] dreißig Jahre später in Mutlangen zu einem Umdenken führte. »Man ist eher stolz auf uns, schlägt uns kumpelhaft auf die Schulter, kann sich gar nicht vorstellen, warum wir uns so ausgegrenzt gefühlt haben. Und die Bürgermeisterin hat uns gerne erlaubt, Banner für den Erhalt des INF-Vertrags an allen Ortseingängen aufzuhängen«, schreibt mir Volker Nick in einer Mail.

Wie viel Gewalt darf sein?

Im Zentrum zahlreicher Diskussionen stand immer die Frage nach den Formen zivilen Ungehorsams. Jene, die sich dem Widerstand gegen die Stationierung verschrieben, haben stets versucht, gewaltfrei zu bleiben. Gleichwohl war das Bedürfnis verständlich, Wut, Enttäuschung und Hoffnungslosigkeit in gewalttätigen Aktionen abzureagieren und Ohnmacht zu kompensieren. »Nicht die Legitimität des Steinwurfs gegen die Pershing ist das Problem, sondern seine Nutzlosigkeit. Unmoralisch ist nicht die physische Wirkung des Gewaltmittels, sondern seine politische Wirkungslosigkeit.«[107] Auf lange Sicht erfolgreich sein kann nur eine Kombination von Druck auf den politischen Gegner und Aufklärung, konstatierte die Grünenpolitikerin Beck-Oberdorf.

In Deutschland aber waren Formen des gewaltfreien Widerstands ungewohnt. Diejenigen, die sich zu Blockaden auf die Straße setzten, wurden gleichgesetzt mit jenen, die Steine oder Bomben warfen. Gewaltfreies Widerstehen kostet häufig mehr Mut, mehr Disziplin, mehr Selbstüberwindung als das Abreagieren in Gewalttätigkeit. Wenn der Staat das nicht in besonderer Weise honoriert, dann produziert er Radikalität und Abkehr von Gewaltlosigkeit.[108]

Dorothee Sölle erklärt dies im Mutlanger Friedenscamp am Vorabend der Prominentenblockade mit noch deutlicheren Worten: Wenn nach einer Umfrage im Juli 1983 der *Frankfurter Allgemeinen Zeitung* 78 Prozent des Volkes gegen die Aufstellung neuer Raketen und dieses Volk dafür auf die Straße gegangen sei, welche Mittel stünden dann in einer Demokratie noch zur

Verfügung? Was soll die Minderheit tun, auf die nächsten Wahlen warten? Schließlich werde in der BRD nur schon das Tragen einer Lederjacke als passive Bewaffnung kriminalisiert und das Sitzen vor einer Kaserne als Gewalt deklariert.[109] Solange der (damalige) Innenminister Zimmermann gewaltlosen Widerstand als Form von Gewalt sehe und auf dieser Grundlage die Friedensbewegung kriminalisiere, müsse man umso überzeugter zum Konzept der Gewaltfreiheit greifen: »Natürlich ist es illegal, einen Munitionstransport zu blockieren, aber ist es Gewalt?«[110] Dennoch müsse man bei Aktionen des gewaltfreien Widerstands mit offenen Karten spielen, ankündigen, was geplant sei. Und was geplant sei, das werde auch durchgeführt. In den Bezugsgruppen müsse man sich aufeinander verlassen können, entsprechende Nachrichten rasch weitergeben. Schnelle und kleine Aktionen seien gefragt. »Sicher sind das keine ›Verhinderungsaktionen‹ in dem Sinne, dass tatsächlich in den Kriegsapparat eingegriffen wird; eher sind es symbolisch verstärkte Demonstrationen.«[111]

Wie aber sollte es weitergehen nach der Mutlanger Prominentenblockade im Herbst 1983 und den bundesweiten Großdemonstrationen? Die Friedensbewegung hatte ihren ersten Tiefpunkt, weil man sah, dass man mit Demos, Unterschriftenlisten und Gottesdiensten, Schweigekreisen und Infoständen nichts erreichte. Das führte bei den einen zum Ruf nach mehr Gewalt, während der Großteil der Bewegung von Blockaden nichts mehr wissen wollte. Die Fronten verliefen also nicht nur zwischen den Einheimischen und den »fremden Chaoten«, sondern der strittige Punkt, der immer wieder heftig diskutiert wurde, war: Wie viel Gewalt erlaubt der gewaltlose Widerstand?

Am zweiten Adventssonntag 1983 schlichen vier vermummte Gestalten auf das Areal der Hardt-Kaserne. Wolfgang Sternstein schlug mit dem Vorschlaghammer auf das Führerhaus eines Pershing-II-Transporters. Sie hätten noch weitere Fahrzeuge demolieren können, setzten sich aber stattdessen zwischen die

Fahrzeuge und sangen »We shall overcome«. Doch erst nachdem den Eindringlingen fast schon »der Hintern abgefroren« wäre, so Sternstein, näherten sich ein paar neugierige Soldaten, gingen um die zerstörten Fahrzeuge herum und informierten die deutsche Polizei.[112] Unter den vier Eindringlingen war auch der amerikanische katholische Priester Carl Kabat, nach dem später das Haus der Friedensbewegten in Mutlangen benannt wurde. Diese Aktion war für den Konfliktforscher Sternstein die Frage auf seine Antwort: Was tun, wenn die ersten Raketen ins Land kommen? Wo liegen die Grenzen gewaltfreier Protestaktionen, wenn damit doch keine Raketen gestoppt werden können? Wie kann man einen Absturz in die Resignation auf der einen Seite und Gewalt auf der anderen Seite verhindern? Und ein neues Adventslied ging im Dezember 1983 um, das viele von uns belustigt sangen: Erst 1, dann 2, dann 3 und 4, dann steht die Pershing vor der Tür.

In Mutlangen wurde viel über Gewalt diskutiert: Lehnten die Friedensbewegten um Lotte Rodi jede Form von Gewalt ab, wurden diese wiederum von den Bewohnern der Pressehütte als zu bürgerlich geschmäht, während die Aktivisten um Volker Nick vor allem menschenverachtende Gewalt ablehnten, solange die gewaltfreie Blockade als Protestform noch nicht ausgereizt war.

Krähenfüße auf Straßen, die gegen die Militärfahrzeuge gelegt wurden, zerstörten auch die Reifen an den Autos der Kindergärtnerinnen, die zur Arbeit fuhren. Und wenn ein Farbbeutel gegen die Windschutzscheibe eines Lkws geschleudert wird und der Fahrer daraufhin einen Unfall baut, was dann? Man muss bei solchen Aktionen auch die Folgen mit überlegen, gibt Lotte Rodi zu bedenken.

Wo bislang Ruhe und ziviler Gehorsam oberste Bürgerpflicht war, sollte nun ziviler Ungehorsam Einzug halten. Um allen Beteiligten, auch jenen, die nur für einen Sonntag zur Mutlanger Heide kamen oder in der Pressehütte wohnten, klar zu machen, dass es eben nicht mit Krawall, Krähenfüßen oder Klamauk getan ist, wurden die Prinzipien des gewaltfreien Widerstands unermüdlich wiederholt, was wiederum einigen schlecht aufstieß, weil sie sich bevormundet vorkamen und doch gekommen waren, um Action zu machen. »Hier in Mutlangen läuft das aber anders«, wurde Lotte Rodi denn auch nie müde zu wiederholen.

Einmal erhielt sie mitten in der Nacht einen Anruf aus Mutlangen. »Die machen wieder mal Radau, sorgen Sie doch bitte für Ruhe!« Und tatsächlich, als sie die Fenster öffnete, hätte man den Lärm sogar auf der anderen Seite des Tals hören können. Eine Krachdemo nachts um halb eins, und »die Gruppe war noch stolz darauf. Die haben die halbe Nacht diskutiert, wie sie nun eine gewaltfreie Aktion hinbekommen und hatten gedacht, damit wäre ich nun auch einverstanden. Und jetzt sei es wieder nicht recht. Dabei mussten die Leute doch am nächsten Tag früh raus zum Arbeiten!«

Weil es zwischen der Bevölkerung und den Aktivisten immer wieder zu Reibereien kam, war Lotte Rodi kurzerhand zur Vermittlerin zwischen den Fronten erklärt worden. Ihre Tochter und Wolfgang Schlupp-Hauck studierten zusammen in Freiburg. Eines Tages fragte er sie, ob sie jemanden kenne, der den Gmündern die Anliegen der jungen Leute in Mutlangen vermitteln könnte. Daraufhin fiel ihr Name, und so rutschte sie in diese Arbeit hinein, später sollte die Friedenswerkstatt mit Lotte Rodi und Wolfgang Schlupp-Hauck die Pressehütte erwerben.

Wie es zu und her ging in der Pressehütte, lässt sich im Roman *Petting statt Pershing*[113] nachlesen. Räumt denn hier niemand auf, fragt sich der junge Gregor, dessen Mutter mit den beiden Söhnen dort einzog, um gegen die Raketen zu demonstrieren und die freie Liebe zu propagieren. Und vermutlich deckt sich die Szene dort mit der Hausbesetzer-Szene in Berlin: Lehrlinge, Migranten, Künstler, Hippies, Arbeitslose, Spontis, Freaks, Punks, Drop-outs. Und mehr Jungs als Mädchen, zählt Barbara Sichtermann auf.[114]

Das war natürlich schon reizvoll, man war neugierig, das war mal was Neues, was anderes, Leute, die sich besser ausdrücken konnten. Die Pressehütte war für manche einheimischen Jugendlichen ein Symbol fast für Freiheit, meinte eine Bewohnerin aus einer Nachbargemeinde Mutlangens. »Bei uns gab's ja nur Vereine, den Sportverein, Feuerwehrverein, und alles streng hierarchisch strukturiert. Durch die Pressehütte haben wir gesehen, dass es auch anders geht. Uns wurde immer nur eingebläut, dass man nix sagen darf. Bei Hitler durfte man ja auch nichts sagen, das steckte noch in den Knochen. Und die Leute von der Pressehütte gingen für ihre Einstellung auf die Straße, das hat uns sehr imponiert, die haben sich ja mit ganzem Körper für die Sache eingesetzt.«

Spinner und Chaoten?

Wichtige Impulse für die Friedensbewegung in Mutlangen waren also von außen gekommen, und da trat das Friedensbüro Tübingen auf den Plan, das anderswo schon aktiv geworden war, z. B. mit Demonstrationen in Großengstingen, der Menschenkette, beim Fastenmarsch mitgemacht hatte. Auch hier war man fassungslos, dass die Demonstrationen für Frieden und gegen Aufrüstung einfach ignoriert worden waren. Hartnäckig wollte man am gewaltfreien Widerstand festhalten, denn »wenn es überall im Lande beginnt zu brodeln und zu kochen und die Regierenden dieses Kochen spüren … erst dann wird die Verhinderung der Stationierung (neuer Raketen) kein Traum bleiben.«[115]

Das Tübinger Friedensbüro hatte beschlossen, nicht mehr länger nur zu mahnen, sondern in die Speichen der Räder der Vernichtung einzugreifen.[116] Fortan sollte alle zwei Wochen in Mutlangen blockiert werden, und zwar so lange, bis die Raketen abgezogen werden würden. Gleichzeitig wurden alle Aktionen immer wieder in Bezugsgruppen hinterfragt, hier holte man sich den Rückhalt, sprach über Hoffnungen, Ängste und Zweifel, auch über Enttäuschungen und die Frage, inwiefern der eigene Widerstand nicht nur äußerliche Pose war. Vermutlich geschah dies in einer Offenheit, die nicht immer leicht auszuhalten war? Kam dies einer Entblößung gleich? Wer wäre dazu heute bereit?

Jeder Einzelne musste für sich die Frage beantworten, die sich Volker Nick in einem Video der Reihe »Gedächtnis der Nation« stellt: »Bringt das Blockieren wirklich etwas? Wenn man alle zwei Wochen eine Blockade organisiert, dachten wir, kann die

Stationierung nicht aufrechterhalten werden, wenn das Militär ständig behindert wird. Wir hoffen, dass dann der politische Druck wächst, denn sie können uns ja nicht alle einsperren.« Man setzte also auf politische Eskalation. Auch anderswo hat später einer so kalkuliert: Als der Friedensaktivist Malte Fröhlich 2014 wegen der Blockade der Manöver auf der Stendaler Heide verurteilt wird, rechnet er vor: Jedes Mal, wenn er in Bonn vor Gericht steht, müssen sich fünf bis sechs Soldaten mit ihm beschäftigen, und in dieser Zeit können sie nicht aktiv einen Krieg vorbereiten. Insofern ist das schon eine effiziente Behinderung von Kriegsmaßnahmen.[117]

Wenn einer für seinen gewaltfreien Widerstand ins Gefängnis muss, dann tritt die Macht des zivilen Ungehorsams gegen die Ohnmacht der Staatsgewalt an. Und diese Ohnmacht wird dann zur stärksten gewaltfreien Waffe gegen die Staatsgewalt, schreibt Volker Nicks Mitstreiter Christoph Then in seinem Gefängnistagebuch. Für Anhänger des zivilen Ungehorsams sei ein Freispruch nicht etwa ein Erfolg, denn gerade die absurden Bestrafungen würden zur Solidarität in der Bevölkerung führen. Die Gefängnisstrafe zu akzeptieren, sei allemal sinnvoller, als tatenlos die Stationierung hinzunehmen.

Doch wie dem gewaltfreien Widerstand Struktur verleihen, wenn sich immer mehr Menschen zurückzogen? Neben Thoreau, Gandhi, Martin Luther King war auch die Graswurzelbewegung Vorbild für die Mutlanger, agiert wurde nach deren Prinzipien. Dazu gehört zum einen die absolute Gewaltfreiheit, aber nicht aus Feigheit, sondern in vollem Verantwortungsbewusstsein. Die Gewaltfreien sind unbequeme und nicht nur nette Menschen, Gewalt vermeiden bedeutet nicht, sich Konflikten passiv zu entziehen, sondern »dem Mörder in den Arm zu fallen«. Wenn aber das friedliche Sitzen vor dem Militärstützpunkt in Mutlangen Gewalt sein soll, weil ein amerikanischer Soldat einige Minuten mit seinem Lkw warten muss, was ist dann die Stationierung einer

Pershing-II-Rakete mit der mehrfachen Vernichtungskraft einer Bombe von Hiroshima?

Zu Mitteln des zivilen Ungehorsams darf man nur dann greifen, wenn alle legalen Protestmöglichkeiten ausgeschöpft sind. Der Widerstand wird erst dann aufgegeben, wenn das Unrecht abgeschafft wird oder man von seiner Argumentation nicht mehr überzeugt ist. Als der Abrüstungsvertrag 1987 in Sicht war, setzte die Kampagne in Mutlangen die Beteiligung an Aktionen gegen die Pershing II tatsächlich aus. Nur wenn ein schwerwiegendes Unrecht vorliegt, stellt man sich bewusst und offen der Konfrontation mit der Polizei und greift auch dann nicht zu Gewalt, wenn die Gegenseite es tut, um die Gewalt-Gegengewalt-Spirale zu durchbrechen. Eher nimmt man Gewalt auf sich, als sie anzuwenden. Die Aktionen des zivilen Ungehorsams richten sich direkt gegen staatliches Unrecht, damit langfristig ein gesellschaftlicher, politischer Druck entstehen kann. Tatsächlich hoffte man, dass die Blockaden wie auch die Strafverfahren gegen Blockierende die Staatsmacht zermürben würden.

Und jeder, der in Mutlangen blockierte, musste einer Bezugsgruppe angehören. Hier wurde anders diskutiert als in der Hausbesetzerszene in Berlin, die fast zeitgleich wie die Friedensbewegten im Süden des Landes aktiv war. Dort setzten sich die Clowns oder Schreihälse durch, schreibt die Journalistin Barbara Sichtermann. »Wirklich neue Methoden der Konsens- oder Kompromissbildung wurden nicht entdeckt … Dass da immer alles von allen bequatscht und akzeptiert werden musste, das hatte, als Anspruch, sein Gutes. Der Versuch als solcher war ehrbar … Diese Prozesse waren kompliziert und anspruchsvoll … Das anarchische Moment war stark in der Bewegung. Aber die normative Kraft des Faktischen überwog am Ende.«[118]

Diese anarchistische Organisationsform der Bezugsgruppen hatte sich in Spanien während des Bürgerkriegs (1936–1939) herausgebildet. Hier sollte die Utopie von einer basisdemokratischen

Vorstellung umgesetzt werden: Wie werden in einer gerechten Welt Entscheidungen getroffen, wie kann man einer Mehrheitsdiktatur entgegenwirken? Meinungsverschiedenheiten werden geduldig ausgetragen, um einen Konsens herbeizuführen, wobei es fünf Arten davon gibt: Übereinstimmung; Nicht-Verstehen (nicht alles wirklich verstehen, aber trotzdem mitmachen); Bedenken haben, aber trotzdem mitmachen; nicht mitmachen, aber die Aktion auch nicht behindern; Veto einlegen.[119] Im Falle eines Vetos wurde die Diskussion nochmals von vorn begonnen und versucht, den/die anderen behutsam zu überreden.

Die Sprecher der Bezugsgruppen übermitteln im Sprecherrat die Meinung der Gruppe, haben ansonsten aber keinerlei Machtbefugnisse, sind nur ein Informationskanal. Organisiert sind diese Bezugsgruppen in kleinen autonomen Einheiten mit fünf bis maximal zwanzig Personen, man entwickelt nicht nur gemeinsame Aktionen, sondern diese Gruppen schützen auch vor Isolierung und Größenwahn.

Der Ethnologe und Occupy-Aktivist David Graeber legt dar, dass es innerhalb einer solchen Bezugsgruppe verschiedene Funktionen geben kann: Jemand ist für die Öffentlichkeitsarbeit zuständig, jemand organisiert bei Verhaftung Hilfe – was auch in Mutlangen immer wieder wichtig war –, der allerdings darauf achten muss, selbst nicht verhaftet zu werden, denn der/die verwaltet eine Liste mit Namen, was im Falle einer Verhaftung getan werden muss, wessen Chef benachrichtigt, wessen Katze gefüttert werden muss.[120]

Der Berichterstatter des *Gegendruck* fand solcherart Konsensfindung im Friedenscamp ziemlich mühsam, wenn ein Sprecher im Sprecherrat eine Meinung vorbringt, die dann wieder ins Gegenteil gedreht werden konnte, was dann erneut in der Gruppe diskutiert werden musste. Und jedem Neuankömmling hätte man dieses System wieder von vorn erklären müssen.[121]

Vieles, was sich heute selbstverständlich ausnimmt, musste damals auf zahlreichen Sitzungen erst ausdiskutiert, ausformuliert werden, jeder Schritt musste »neu geboren werden, oft unter unsäglich langem Zweifeln und Abwägen«, beschreiben die Mutlanger Kampagnen-Leute diese Art der Diskussion.[122] Was hier als mühsame Arbeit beschrieben wird, hat sich später als solides Bezugsgruppensystem bewährt, ohne das die Blockaden in Mutlangen nie hätten aufrechterhalten werden können.

Für Außenstehende mag diese Form der Entscheidungsfindung mühsam erscheinen, aber so kommen möglicherweise mehr Vorschläge für eine konsensfähige Lösung zusammen. Es gebe zudem keinerlei Machtgefälle zwischen einzelnen Mitgliedern der Gruppe, man lerne, auch die eigene Meinung zu revidieren. Und man merke, dass man mit seiner eigenen Meinung nicht alleine sei, so Graeber.

Deshalb sind solche Kleingruppen wichtig, meint auch Dorothee Sölle. Als während des Vietnamkriegs immer wieder Menschen Munitionstransporte blockierten, kamen unablässig neue Menschen, die die Verhafteten ersetzten. Das musste im Vorfeld gut in den Gruppen organisiert sein. Diese Blockadeform aber werde in der BRD kriminalisiert, deshalb müsse sie eingebettet werden in andere Formen des gewaltlosen Widerstands.

Dass diese Konsensfindung auch im Großen funktionieren kann, macht die Schweiz mit ihrer Konkordanz-Demokratie vor. Die sieben Bundesräte müssen stets gemeinsame Entscheidungen aushandeln, das Konsensprinzip findet sich in sämtlichen politischen Gremien bis hin zu einfachen Arbeitsgruppen in Betrieben, Institutionen und Kommunen. Interessanterweise haben vor allem Deutsche – die die größte Ausländergruppe in der Schweiz stellen – Mühe mit diesem Verfahren, das sich zwar endlos hinziehen kann, aber zu einem Konsens führt, gegen den später niemand mehr Einspruch erheben kann, denn alle waren am Entscheidungsfindungsprozess beteiligt. So kann es geschehen, dass sich rechte und bürgerliche Parteien am runden Tisch durchaus von den Argumenten der anderen Seite überzeugen lassen – und andersherum – und nicht auf parteipolitische Interessen Rücksicht nehmen, auch wenn dies den Parteien nicht immer passt.[123]

Verwunderlich ist nur, dass dieses Konsensprinzip, das im gewaltfreien Widerstand und in einem Staat wie der Schweiz funktioniert, so wenig Nachahmung findet. Die persönlichen, gesellschaftlichen und politischen Widerstände scheinen größer zu sein als der Mut, mit anderen als den gängigen Methoden nach Lösungen für die ermattete repräsentative Demokratie zu suchen.

In Mutlangen wurden vor den jeweiligen Aktionen Übernachtungen bei Privatpersonen organisiert, in der Jugendherberge, auf einem Zeltplatz in Tierhaupten und direkt vor der Mutlanger Heide.

Und vor den jeweiligen Blockaden mussten folgende Fragen geklärt werden: Wo genau wird blockiert? Was wird blockiert? Keineswegs dürfe man nach einer Aufforderung der Polizei aufstehen, weggehen und sich später wieder hinsetzen, das bringe gar nichts, sei höchstens »Zeichen von bürgerlichem Gehorsam als von zivilem Ungehorsam, wenn man einer polizeilichen Aufforderung genau dann Folge leistet, wenn es ernst wird«.[124] Man solle auch keine landwirtschaftlichen Fahrzeuge und Privatautos behindern, aber auch mal Feldwege blockieren, weil kleinere Militärfahrzeuge manchmal Umwege machen würden. Bauern müsse man jederzeit durchlassen.

Wie wird blockiert? Man müsse sich sichtbar auf die Straße setzen, die Unterstützer sollten am Rand stehen. Eine Stehblockade wäre wenig sinnvoll, denn die Fahrer würden davon ausgehen, dass die Leute sich im Ernstfall schon zerstreuen würden. Könne man mit der Vorstellung einer Gefängnisstrafe nicht leben, solle man nicht blockieren. Und was ist zu tun, wenn ein Fahrer keine Anstalten macht, auf die Bremse zu treten?

Genaue Regieanweisungen wurden in Handbüchern festgehalten, denn zeitweise schien es um Leben und Tod zu gehen.

Was hat es nun mit der Transparenz des gewaltfreien Widerstands auf sich, die Dorothee Sölle und Jürgen Habermas fordern, aber von Aktivisten belächelt wird? Warum sollen Aktionen angekündigt werden, warum setzt man nicht auf den Überraschungseffekt und riskiert mit der Ankündigung womöglich ein viel größeres Polizeiaufgebot, anstatt die Polizei zu überrumpeln, wie bei der Aktion des Konfliktforschers Sternstein, als er die Raketentransporter in einer Nacht-und-Nebel-Aktion beschädigt hat? So etwas muss von langer Hand und im Geheimen vorbereitet werden, das bedeutet, nur wenige können daran teilnehmen, so Volker Nick. Für die Vertreter des zivilen Ungehorsams aber sei die Beteiligung möglichst vieler Menschen wichtig gewesen, insofern waren die Blockaden eine niederschwellige Form des Widerstands, eine Möglichkeit, in die Breite zu gehen und die denkbar radikalste gewaltfreie Aktion. Und wenn niemand von einer Aktion weiß, erfährt auch niemand davon, auch die Presse nicht. Dabei wollte man doch mit diesen Aktionen gerade möglichst viele Menschen mit der Gewissensfrage konfrontieren: Willst du leben, wie du momentan lebst, bist du einverstanden mit dem, was hier vorbereitet wird, willst du sehenden Auges diesem Vernichtungskrieg zustimmen? Weil sich so viele Mutlanger diese Frage eben nicht stellten, obwohl oder gerade weil sie die Ungeheuerlichkeit Tag für Tag vor Augen hatten, waren die Anfeindungen so enorm. Und falls sich jemand aus Protest gegen die Aufrüstung auf die Straße stellt und keiner weiß davon, wird er womöglich über den Haufen gefahren. Wenn die Polizei über die gewaltfreie Aktion informiert wird und trotzdem brutal agiert, kann man sich darauf berufen, dass man doch Gewaltfreiheit angekündigt hätte und der Polizeieinsatz deshalb unverhältnismäßig gewesen sei. Insofern ist diese Transparenz sogar eine gewitzte Strategie. Man spielt mit offenen Karten, lädt alle ein, sich an diesem »Spiel« zu beteiligen, und wer sich nicht an die Spielregeln hält, ist letzten Endes der Spielverderber. Nun, ganz so einfach ist es nicht. Aber so haben sie letzten Endes gewonnen: Wenn ein berittener Polizist auf einen Blockierer zureitet, das Pferd aber scheut, bekommt der Blockierer Beifall, nicht die Staatsgewalt. Auch wenn Hunde eingesetzt werden, bringt das den Friedensaktivisten viel Sympathie ein, die sich die Obrigkeit mit solchen unverhältnismäßigen Einsätzen verscherzt und Menschen, die bislang abseits standen, aufschrecken. So war es auch schon in Gandhis Indien, als Polizisten die gewaltlosen Besetzer der Salzfabrik niederknüppelten und damit dem kolonialistischen Gewaltmonopol jede moralische Grundlage entzogen. Gelernt haben Staatsgewalten daraus, so scheint es, nur wenig.

Es war den Leuten rund um Volker Nick schon klar, dass sie keine Chance hatten, mit dem eigenen Körper die Massenvernichtungswaffen der stärksten Macht der Welt aufzuhalten. Aber es ging ihnen um den Dialog, der, so hofften sie, dann hoffentlich einen Prozess in Gang setzen würde, was offensichtlich geschehen ist, liest man die Berichte und spricht mit Menschen heute. So wurde aus einem Bürger, der regelmäßig wählt, vielleicht auch mal zu einer politischen Veranstaltung geht, von einem, der »ein bleiches, eingeschüchtertes, zahnloses Antlitz«[125] trägt, ein selbstbewusster Bürger: Von der naiven Jugendlichen zur aufmerksamen Beobachterin, von der Oberstudienrätin zur Friedensaktivisten, von der pensionierten Lehrerin zur Organisatorin von Blockaden – solche Lebensläufe frappieren.

Der Appell der Friedensbewegung zeigte jedenfalls Wirkung. Zwar waren es nie viele, die in Mutlangen protestierten und blockierten – und sehr viel weniger als sich die Organisatoren nach der erfolgreichen Prominentenblockade im September 1983 erhofft hatten, aber dieser Widerstand war zäh und hielt sich jahrelang. Den Menschen vor Ort attestiert Volker Nick eine gewisse Charakterstärke, klar, es waren auch viele Studenten dabei gewesen, die sich den Freiraum nehmen konnten, sich mit diesen Themen zu beschäftigen, man wuchs allmählich rein, wie man staatliche Gegenreaktionen organisieren sollte, und vor allem eine gute Kommunikation und Kampagnenstruktur waren unabdingbar.

Nur als Mitglied einer Gruppe kann man mit zivilem Ungehorsam etwas ausrichten, sonst gilt man als Exzentriker.[126] Ohne eine Gruppe hätte das keiner geschafft, alleine hätte sich keiner hingesetzt und wenn, dann wäre er tatsächlich verrückt gewesen.

Waren sie verrückt oder mutig, jene, die sich gegen den Unmut der Bevölkerung stellten und doch nur den Schutz dieser Bevölkerung wollten, sich dafür Gefahren aussetzten, um das Volk vor dem Wahnsinn der Aufrüstung zu schützen? Zum Schutz der deutschen Bevölkerung waren schließlich auch die GIs abgestellt worden, die diesen Widerspruch erst recht nicht begriffen.

Das war auch schon in Vietnam so, wie mir ein südvietnamesischer Offizier erzählte, der für die US-Armee als Scout gearbeitet hatte. Die wären gekommen und eben nicht mit offenen Armen empfangen worden. Und dann hätten sie einfach nur Angst gehabt vor dem Gegner, sich den Kopf zugedröhnt und die Vietnamesen vorgeschickt, wenn es brenzlig geworden wäre. War also auch die deutsche Polizei nur Erfüllungsgehilfin?

Wer bestimmt eigentlich, wer verrückt ist? Der US-amerikanische Rechtsphilosoph Ronald Dworkin gibt zu bedenken, dass die Minderheit, die den zivilen Ungehorsam ausübt, von der Grundannahme ausgeht, dass die Mehrheit falsch liege, was zu einer gewissen Rechthaberei, ja gar elitärem Denken führen könnte.[127] Hannah Arendt führt aus, dass ziviler Ungehorsam nur funktionieren könne, wenn sich eine Interessengemeinschaft bildet. Die Minderheit muss sich organisieren und gegen eine Politik stellen, wenn die Mehrheit diese Politik unterstützt. Doch argumentiert nur ein Einzelner, würde man der Philosophie der Subjektivität Tür und Tor öffnen, dann würde es jedem freistehen, das Gesetz aus persönlichen Gewissensgründen zu missachten. Die Stimme des Gewissens kann indes äußerst subjektiv sein. Womit ich nicht leben kann, das stört das Gewissen des anderen nicht, das sah man beispielsweise in Mutlangen. Und bloß weil die Friedensbewegten der Überzeugung waren, die Bevölkerung müsse den Wahnsinn der Raketenstationierung vor der eigenen Haustür verdrängen, um zu überleben, lässt sich die Bevölkerung noch lange nicht von ein paar dahergelaufenen Verrückten belehren.

Während die einen sich der Raketenaufstellung widersetzten, weil sie meinten, dies würde die Gemeinschaft bedrohen, waren die anderen eben der Meinung, nur die Raketen könnten die Bedrohung abwenden. Ob eine Parlamentsentscheidung, wie sie Ende November 1983 getroffen wurde, wirklich eine Mehrheitsentscheidung war, ob die Mehrheit der Bevölkerung wirklich für die Stationierung der Raketen war, was Umfragen widerlegen, wurde immer wieder diskutiert. In Gmünd wurden 5858 Bürger befragt:[128]

Zur Stationierung der Raketen:

16% sind der Meinung, Raketen sichern den Frieden.

12% fühlen sich durch Raketen geschützt.

53% fühlen sich durch Raketen bedroht.

58% sind dafür, Schwäbisch Gmünd zur atomwaffenfreien Zone zu erklären.

65% sind dafür, auf Bundesebene ein Volkbegehren zur Stationierung der Raketen durchzuführen.

Zur Friedensbewegung:

63% finden die Friedensbewegung gut.

17% ist die Friedensbewegung egal.

17% lehnen die Friedensbewegung ab.

Je jünger die Befragten sind, desto kritischer sind die Antworten zur Raketenstationierung.

Je katholischer sie sind, desto ablehnender sind sie gegenüber der Friedensbewegung. So liegt die Bereitschaft, sich an Demos zu beteiligen, bei Katholiken bei 36 Prozent, bei Protestanten bei 46 Prozent und bei Konfessionslosen bei 57 Prozent.

War deshalb der Widerstand in Bettringen-Lindenfeld erfolgreicher, der sich 1985 gegen eine Mörserschießanlage formierte, bis sie schließlich verlegt wurde? Dort sollte ein Areal eingezäunt werden mit einem zweieinhalb Meter hohen Stacheldraht. Die Anlage wurde benutzt von einer Infanterie-Division, die sich bereits in Vietnam einen unrühmlichen Namen mit der Sprengung eines Krankenhauses und der Menschenjagd auf Dorfbewohner gemacht hatte. Die Gmünder Stadtverwaltung bat höflich darum, die Entscheidung, eine solche Anlage so nahe an einem Wohngebiet zu errichten, nochmals zu überprüfen. Zudem habe die Stadtverwaltung gehört, dass man neben den bereits existierenden 20 Bunkern oben auf der Kriegsebene weitere Bunker ausbauen wolle. Hier fruchtete der Widerstand, vielleicht weil in Lindenfeld viele neue Häuser gebaut wurden, die Hauseigentümer sich gegen den Lärm wehrten? Denn wenn die Gefahr besteht, dass eine Granate in den eigenen Garten fliegt, wird selbst der biederste Bettringer zum Widerständler, wenn auch nicht zum Friedenskämpfer.

Riskante Blockaden

Im Juli 1984 wurde das erste große Manöver durchgeführt. Die Soldaten müssten lernen, sich auch im Finstern auf engen und kurvigen Schleichwegen der Schwäbischen Alb zu bewegen – neben den Friedensaktivisten ein weiteres Ärgernis für die amerikanischen Soldaten –, um dem Gegner kein Angriffsziel zu bieten, nicht dass der womöglich schon am ersten Kriegstag die meisten Pershings vernichtete. Als wäre nach solch einem Angriff noch einer da, der auf den Pershing-Knopf drücken könnte.

Nur wenig später wurden auf ostdeutschem Boden die SS-22 stationiert, die schneller und weiter reichten und auch England treffen konnten.[129] Doch darüber sprach man nicht, wiegelte ab – offensichtlich hatte die Pershing II keineswegs die Aufrüstungsspirale aufhalten können, die Drohung durch die schwäbische Rakete war schon wenige Monate nach der Stationierung obsolet geworden. Doch weiter und trotz der zahlreichen Unfälle im Vorfeld wurde die Pershing II nicht nur stationiert, sondern durch die Gegend gefahren: Meistens kamen sie in den frühen Abend- oder Morgenstunden, dann stürmten Bereitschaftspolizisten die Neubausiedlung am Mutlanger Dorfrand und umstellten die Pressehütte. Denn von dort wurde minutiös berichtet, welche Fahrzeuge in das Depot hineinfuhren und es wieder verließen. Ein Dorn im Auge nicht nur der örtlichen Bevölkerung, sondern erst recht den amerikanischen Streitkräften und der deutschen Polizei. Saßen Blockierende bereits vor den Toren des Depots, wurden sie oftmals brutal weggeräumt, die Brutalität der Polizei wurde routinemäßig dementiert. Nur Augenzeugen, und das sind lediglich ein paar Blockierende, berichteten anderes, wurden aber nicht ernst genommen, sondern in Mannschaftswagen weggefahren und im schlimmsten Fall wegen Nötigung verurteilt. War geräumt, konnte sich endlich eine Batteriekolonne mit der langgestreckten Pershing durch das Tor schieben. So eine Batterie wurde zudem noch begleitet von einem Ersatzfahrzeug, von zahllosen Jeeps, einem Funkwagen und etwa hundert Infanteristen. Denn die Sattelschlepper hätten jederzeit überfallen werden können, der Gegner hätte sich durchs Unterholz schleichen und die Raketen zerstören können. Die Beschützer des deutschen Volkes wurden wiederum unterstützt von Polizeiwagen, die vor und hinter dem Konvoi herfuhren, Kreuzungen und Straßen sperrten, wenn die Lastfahrzeuge durch Schwäbisch Gmünd und Mutlangen röhrten. So ein Aufwand wegen eines normalen Schwertransports, als den ihn der Polizeipräsident in Stuttgart deklarierte? Schließlich haben noch nie so wenige Menschen gewaltfrei so viel Militär und Polizei beschäftigt und irritiert, was auch eine erklärte Strategie der »Kampagne Ziviler Ungehorsam bis zur Abrüstung« war.

Bis 1987 gab es vielfältige Formen von Blockaden bei Wind und Wetter. Flugblätter wurden durch die Kopierwalze gedreht, um einzuladen zu Geburtstagsblockaden, Muttertagsblockaden, Arztblockaden. Auch ehemalige KZ-Häftlinge blockierten in Mutlangen, Musiker spielten auf dem Cello vor dem Stacheldrahtzaun und verhinderten damit für die Dauer eines Konzerts die Ein- und Ausfahrt zum Depot. Der Historiker Richard Rohrmoser fand bei Befragungen der Anwohner heraus, dass insbesondere die Konzertblockade geschätzt wurde, da sei doch tatsächlich hochwertige Kultur auf diesem Weg nach Mutlangen gelangt.

Irgendwann wollten die Verfechter des zivilen Ungehorsams und der Blockadestrategie nicht mehr zwei bis drei Mal die Woche von Tübingen nach Mutlangen fahren. Doch in der Pressehütte war an ernsthaftes Arbeiten nicht zu denken. Zu chaotisch, Party bis spät in die Nacht, keine geregelten Arbeitsabläufe, die jedoch unabdingbar schienen, um die Blockaden, zu denen man sich selbst verpflichtet hatte, aufrechtzuerhalten.

Also zogen Volker Nick und seine Freunde nach Mutlangen, als der Blockadeherbst 1986 vorbereitet wurde. Dazu waren endlose Diskussionen notwendig, über die in der Dokumentation der Mutlanger Friedensbewegung offen berichtet wird. Dabei ging es um die Koordination von siebzig unterschiedlichen Gruppen, die sich gemeldet hatten. Ein Handbuch für den Blockade-Herbst wurde detailliert ausgearbeitet, jeder musste an einem Gewaltfreiheitstraining mitmachen, sich in Bezugsgruppen organisieren, selbst an die Kinderbetreuung wurde gedacht.

Später dann im Carl-Kabat-Haus, das die Kerngruppe in Mutlangen erwerben konnte, war der Tagesablauf genau vorgeschrieben:

    7.00 Mahnwache
    7.30 Meditation
    8.00 Frühstück
    9.00 1. Arbeitsphase
        …
    18.00 Mahnwache
    18.30 Meditation
    19.00 Abendessen
    20.00 3. Arbeitsphase

Der Ruch des Sektierertums hing in der Luft, »gewaltloser Fundamentalismus«[130] sei schließlich auch »Fundamentalismus«, das war selbst einheimischen Befürwortern zum Teil suspekt. Aber waren deren Aktionen sinnreicher? Einer erzählt, wie er mit einem Bolzenschneider den Stacheldraht durchgeschnitten habe und prompt verhaftet worden sei. Alles andere sei ihm zu brav gewesen. Und Werner Jany war dabei, als sie dem damaligen Verteidigungsminister Manfred Wörner, der im 15 Kilometer entfernten Wäschenbeuren wohnte, eine Pershing aus Pappe in den Garten gestellt haben. Der Gmünder Gemeinderat wurde mal mit kleinen Pappraketen beschenkt, mal durch Aktionen mit 108 Luftballons gestört: für jede Atomrakete ein Ballon. Nicola Meloni erinnert sich, wie er zusammen mit Kommilitonen der FH Pershings und Kriegsgerät aus Styropor an den großen Weihnachtsbaum vor dem Rathaus gehängt hatte. Nur weiß heute keiner von diesen Spaß-Guerilla-Aktionen oder kann sich nicht erinnern. Einzig die Blockaden als wichtiges Instrument des zivilen Ungehorsams sind im (Unter-)Bewusstsein der Bevölkerung verankert. Und wie bei der Graswurzelbewegung sollte auch die Kampagne »Ziviler Ungehorsam bis zur Abrüstung« Schritt für Schritt wachsen wie ein Löwenzahn, der monatelang unsichtbar bleibt, bis er eines Tages den Asphalt durchbricht.

Die fast täglichen Blockaden entwickelten sich zu einem routinierten Katz-und-Maus-Spiel mit Polizei und Militär – anders als bei der Prominentenblockade 1983 aber kam nur noch bei spektakuläreren Aktionen ein TV-Team, zu den Blockaden der Ärzte und Richter und derjenigen der ehemaligen KZ-Häftlinge.

Ganz so harm- und gewaltlos ging es aber in Mutlangen nicht zu, wie man in der Chronik der Mutlanger Aktivisten nachlesen kann, sodass es noch heute fast wie ein Wunder scheint, dass es tatsächlich zu keinen größeren Unfällen gekommen ist, dass niemand verletzt oder gar getötet wurde.

> **6.–9.8.1983** Beim Fastenmarsch fährt bei einer Mahnwache vor dem Depot ein Jeep der Military Police in die Gruppe. Volker Nick wird festgenommen.
>
> **7.12.1983** Blockierende werden zur Seite geworfen.
>
> **19.12.1983** Pkws mit US-Generälen fahren Volker Nick an.
>
> **18.1.1984** Volker Nick wird nach einer Blockade auf der Polizeiwache mit Fußtritten traktiert.
>
> **20.–24.2.1984** Soldaten stoßen Blockierende mit Gewehrkolben zur Seite.

22.3.1984 Etienne Cabos wird von einer Rakete überfahren, er liegt zwischen den Rädern und bleibt
unverletzt.

24.9.1984 Eine Pershing-II-Lafette stürzt einen Abhang
hinunter, bricht in der Mitte auseinander, Medien
und Demonstranten, die von der Pressehütte informiert
worden waren, werden ferngehalten.

16.6.1985 Polizisten traktieren die am Boden liegenden
Blockierenden mit Stiefeltritten.

8.11.1985 Ein Militärkonvoi wird in Mutlangen blockiert,
die Bevölkerung greift zur »Selbsthilfe«, die Blockierenden werden verhaftet.

29.9.1986 Johannes Fischer und Volker Nick werden
beinahe überfahren.

30.8.1986 Volker Nick und Christof Then werden beinahe
totgefahren.

2.10.1986 Kreuzung wird blockiert, US-Fahrzeug fährt
mit Vollgas auf die Gruppe zu, bremst im letzten
Augenblick, stößt zurück, führt das Manöver noch
zweimal durch, Gruppe rührt sich nicht. Polizei nimmt
17 Leute fest.

10.5.1987 Blockierende setzen sich den Raketen, die mit
zunehmender Geschwindigkeit aus ihren Stellungen
fahren, in den Weg. Nur durch ein Wunder wird
niemand überfahren.

12.5.1987 Vier Polizisten schleppen Volker Nick an Beinen,
Ohren, Haaren zum Polizeibus.

Während Volker Nick bei unseren Gesprächen diese Vorfälle mit
keinem Wort erwähnt, so als täten sie nichts zur Sache, moniert
Polizeieinsatzleiter Rapp später, dass der Einsatz und die Opfer
der Polizei nicht genügend honoriert würden. Seine Mannen
mussten rund um die Uhr Wache schieben, Ostern, Pfingsten,
Weihnachten. »Ond tagelang bloss Läberkäswecka.« Wäre da

oben was passiert, hätte es einen Verletzten oder gar Toten gegeben, wäre Mutlangen zum Mekka der Friedensbewegung geworden. Nicht auszudenken …

Auf der Heide war eine Sonderwache mit 30 Beamten eingesetzt, die bei Wind und Wetter – wie die Demonstranten eben auch – einsatzbereit war. Wurde verhaftet, transportierte man die Gefangen in eine Fabrikhalle nach Straßdorf. »Das war schon verrückt. Während wir in Mutlangen blockierten, werkelten die Menschen in ihren Schrebergärten. Saßen wir in den Mannschaftswagen und sangen ›Die Gedanken sind frei‹, konnte man uns draußen in den Straßen von Schwäbisch Gmünd hören, wo Menschen zur Arbeit gingen und Kinder zur Schule. Es ist diese Gleichzeitigkeit, die mich bis heute fasziniert«, meint Volker Nick.

Demonstranten in Parkas vor todbringenden Raketen, daneben ploppen Tennisbälle, fahren Kinder auf Fahrrädern zum Schwimmbad oder hängen Jugendliche auf dem Spielplatz rum – damals zuckte ich nur mit den Schultern, heute wundere ich mich darüber, wie solcherart Simultaneitäten möglich waren.

Um sich den gewaltigen Zugmaschinen sitzend entgegenzustellen, brauchte es gehörigen Mut – hätte ich den gehabt? Umso erstaunlicher dann die Seniorenblockade 1986, zu der die pensionierte Lehrerin Luise Olsen aufrief. Sie war über ihren Sohn, der in der Pressehütte aktiv war, auf die Vorgänge in Mutlangen aufmerksam geworden. »Sie und andere Mütter wollten schauen, was ihre Töchter und Söhne so machen. Und als sie gesehen haben, dass die Polizei mit den Jungen viel ruppiger umgegangen ist als mit den Älteren, haben sie die Seniorenblockade organisiert«, erzählt Lotte Rodi.

Für die Polizei waren diese Einsätze anscheinend besonders schwierig. Nicht nur wussten einige kaum, wie sie diese alten Menschen, die ihre Großeltern hätten sein können, wegtragen sollten, zudem wären die Alten auch noch renitent: Kaum hatte man sie weggetragen, setzten sie sich gleich wieder auf die Fahrbahn. Die

Entschlossenheit der Seniorinnen und Senioren zeigte auch den Pressehüttlern, dass man durchaus älter, berufstätig und »bürgerlich« sein und dennoch Widerstand leisten kann.

Der Autor Dieter Lattmann hat Lotte Rodi und vermutlich auch anderen Seniorinnen mit dem Roman *Die verwerfliche Alte* ein Denkmal gesetzt (erstaunlicherweise aber im ganzen Roman die russischen SS-Mittelstreckenraketen nicht erwähnt) und beschrieben, wie es sich anfühlte, sich diesen tonnenschweren Zugmaschinen in den Weg zu setzen: »Noch eineinhalb oder zwei Meter bis zur ersten Reihe der Alten. Der Koloss ragte vor ihnen auf, und der Fahrer machte keine Anstalten anzuhalten, zentimeterweise schoben sich die Räder vorwärts, und die schwarzgrauen Reifen drehten Profil um Profil in den Dreck … Gewiss stellte der Mann sie nur auf die Probe, gewiss wollte er nur die Angst in ihnen steigern, sich vielleicht für die Verzögerung rächen … Natürlich hatte sie Angst, und wie sollten die anderen vor ihr, neben ihr keine Angst haben?«[131]

Die pensionierte Lehrerin Luise Olsen sollte jedenfalls für ihre Blockade eine Strafe über 600 Mark bezahlen, die »ja doch wieder dem Staat zufließen« – deshalb weigerte sie sich, mit demselben Argument übrigens, wie schon Jahrhunderte zuvor Thoreau seine Steuerzahlungen verweigerte. Die ehemalige Lehrerin hätte dafür ins Gefängnis gehen müssen, doch als der Fall durch die Presse ging, war es dem Ellwanger Staatsanwalt peinlich und er ließ die Haftstrafe aussetzen.[132]

Verwerfliche Nötigung

Wie hoch steht das Rechtsgut, dass sechs oder zehn Fahrzeuge mit ihren Insassen eine Viertel- oder halbe Stunde früher ankommen, gegenüber dem Rechtsgut, dass ein immer wahrscheinlicher werdender Krieg noch abgewendet werden und damit Tausenden und mehr Menschen das Leben gerettet wird?[133] Wegen der Verzögerung der Raketentransporte wurden reihenweise Menschen verhaftet, allerdings recht willkürlich. Es war den Beteiligten unklar, nach welchem Prinzip vorgegangen wurde. Klar war nur, die Polizei war letzten Endes der Büttel des amerikanischen Militärs, und die Strafe nie rational nachvollziehbar.

Klar war auch, dass durch die Verhaftungen und unverhältnismäßigen Bestrafungen das Interesse der Öffentlichkeit an den Aktionen der Friedensbewegten erneut erwachte. Man war wieder im Gespräch – und damit war eines der Ziele des zivilen Ungehorsams erreicht.

Vor dem Gerichtssaal prallten unterschiedliche Vorstellungen von Friedenspolitik aufeinander. Die Strategie der Friedensbewegung war, die Raketentransporte und den militärischen Militärbetrieb zu blockieren, um die Gegenseite aufzureiben. Sie hofften, dass dem Staat langfristig die Unannehmlichkeiten und Kosten zu hoch wären und wegen der vielen Strafverfahren die Gerichte vollkommen zum Erliegen kamen. So war eine Prozesswelle 1984 und 1985 über das Gmünder Amtsgericht geschwappt, und darüber sei man so in Schwierigkeiten geraten, dass man schon von einer Rechts- und Justizkrise hätte sprechen können, gesteht Jahre später einer der Richter Werner Offenloch.[134]

Die Blockaden wurden als gefährlich eingestuft, wehrkraftzersetzend, deshalb wurden sie als »verwerfliche Nötigung« bestraft. Heute wirkt die Diskussion um den Nötigungstatbestand spitzfindig, doch immerhin stand das Rechtsbewusstsein der meisten Richter am Gmünder Amtsgericht auf dem Prüfstand. Den einheimischen Aktivisten und Sympathisanten waren die Verfahren erst recht ein Dorn im Auge, denn im selben Gebäude lehnte ein Ausschuss die Anträge junger Männer auf Kriegsdienstverweigerung ab.

Anderswo wurden Urteile gefällt, bei denen die Richter die Verhältnismäßigkeit von »Nötigung« mit anderem Augen- und Strafmaß bedachten, weil die Angeklagten durchaus berechtigte Interessen verteidigten. Sitzen sei keine Gewalt, denn der Einsatz der Pershing II sei wegen der unverhältnismäßigen Folgen völkerrechtswidrig und daher seien die Verurteilten freizusprechen.

Anderswo stellte sich der bayerische Ministerpräsident Franz-Josef Strauß hinter die Lastwagenfahrer, die 1984 tagelang die Inntalautobahn blockierten, um auf ihre schlechten Arbeits- und Lohnbedingungen aufmerksam zu machen.

Gegen die Auslegung des abstrakten Gewaltbegriffs war in Gmünd nicht anzukommen. Danach sei durch die Blockaden Gewalt ausgeübt worden, denn die Soldaten wären in ihrer persönlichen Bewegungsfreiheit beeinträchtigt worden – selbst wenn diese als Zeugen vor Gericht nur zu Protokoll geben durften: »Ich habe Befehl, meine persönlichen Gefühle nicht zu schildern.« Später wurde es immer schwieriger mit den Zeugen, weil die längst in den Irak oder anderswohin abkommandiert worden waren. »Verwerflich« im Sinne des Nötigungsparagraphen 240 des Strafgesetzbuchs wurden die Blockaden abgeurteilt, etwa 2000 Strafprozesse fanden statt, 3000 Menschen waren deswegen festgenommen worden. Einer der jungen Blockierer wurde vom damals noch jungen Anwalt Gerhard Schröder vertreten. Etliche Jahre sollte die Diskussion um »verwerfliche Nötigung« die Gerichte in Atem halten, bis der Bundesgerichtshof 1995 all diese Urteile für ungültig erklärte.

Erstaunlicherweise fand ich nirgends einen Hinweis, dass bei diesen Gerichtsverfahren grundsätzlich über die nicht gedeckte Preisgabe der Souveränität unseres Staates nach Art. 2 II GG diskutiert wurde, die uns als Jugendliche doch so ärgerte. Die kamen und kommandierten, so erschien es uns damals. Zwar hatte mit dem Beitritt der Bundesrepublik Deutschland 1955 zur NATO der Deutschlandvertrag offiziell geendet, doch in der Praxis sah das anders aus. Tatsächlich blieben in beiden deutschen Staaten Vorbehaltsrechte der vier Siegermächte bis zur Einigung 1990 erhalten, abgesichert durch völkerrechtliche Verträge. Die Souveränität Deutschlands war damit de facto eingeschränkt.

Die Raketen standen ausschließlich unter dem Oberbefehl des amerikanischen Präsidenten, d. h. ein ausländisches Oberhaupt entschied über Krieg und Frieden in Deutschland. Diese Auslagerung der deutschen Souveränität an eine ausländische Macht kam uns ungeheuerlich vor, weil sie uns tagtäglich demonstriert wurde, wenn die amerikanischen GIs wie Herren im eigenen Haus durch Gmünds Altstadt stolzierten. Ein Richter meinte gar, die Polizei sei zum Schutz der Demonstranten da, denn »wenn die Amerikaner selbst regieren würden, würde dies wohl ganz anders aussehen«.[135]

Die Polizei, baden-württembergische Regierung und Armee waren letzten Endes nur der ausführende Arm. Die Verantwortung werde immer so lange aufgeteilt, bis am Ende für den Einzelnen nichts mehr übrig bleibt, schrieb einer aus dem Gefängnis.

Erst wenn alle legalen Protestmöglichkeiten ausgeschöpft sind, darf man zu zivilem Ungehorsam greifen, das war von Anfang an klar. 1986 bot Gorbatschow bedingungslose Abrüstungsgespräche an. Gleichzeitig fuhren Militärfahrzeuge immer schneller auf die Gruppen der Blockierenden zu, die am Boden saßen. 1987 wurde tatsächlich ein Abrüstungsvertrag unterschrieben, doch da gingen die Bereitschaftsübungen erst richtig los. Denn Waffen müssen sich bewegen, weshalb nun zwei Großmanöver pro Jahr durchgeführt wurden. Übungen mit Atomraketen gehören zu den wichtigsten kriegsvorbereitenden Handlungen überhaupt, so die Logik, der Atomkrieg muss geübt werden. Und deshalb gingen auch die Störaktionen weiter. Die Pershings wurden nachts durch die Dörfer gefahren und in der Morgendämmerung in den Wäldern in Stellung gebracht. Vermutlich in den Welzheimer Wald, einen hochgezüchteten Mischwald mit lichtem Unterholz, wo morgens vielerlei Vogelstimmen zu hören sind, tagsüber Wanderer an Rinnsalen und Bächlein entlangwandern, vielleicht auch an geschlossenen Müllhalden vorbei. Und nun auch noch die Waffen, Zugmaschinen, die tiefe Furchen hinterlassen, in denen sich später Regenwasser sammelt. Und dort, wo verschiedene Waldwege aufeinandertreffen, richten sich Raketen gen Himmel, denn dort lichtet sich der Wald. Dorthin verfolgte man die Konvois, ging ruhig und singend auf die Raketen zu, auch als Gewehrmündungen auf die Friedensbewegten gerichtet wurden. Im September 1989 wurden wöchentlich Pershing-Raketen in Wälder gefahren und der Atomkrieg geprobt, auch im April 1990 gingen die Manöver weiter. Weil sich Helmut Kohl, der Gorbatschow mit NS-Propagandist Joseph Goebbels verglich,[136] gegen die Abschaffung der Atomwaffen aussprach? Die örtliche Presse schweigt sich jedenfalls aus über diese Manöver, die nach der Unterzeichnung des Vertrags nur noch absurd anmuten.

Erst im November 1990 wurden die letzten Pershings abgezogen. Die gängige Interpretation dieses Einknickens lautet: Die Aufrüstung hat die UdSSR finanziell dermaßen ruiniert, dass Gorbatschow in die Knie gezwungen wurde. Die Mutlanger Friedensaktivisten sind sich allerdings sicher: Ohne die westlichen Friedensbewegungen, die man im Osten aufmerksam registrierte und vergebens für die eigenen Zwecke zu gewinnen suchte, hätte es keine Abrüstung gegeben. Auch das Argument, die Friedensbewegung hätte im Osten ein neues Bild von Deutschland vermittelt, das bis anhin von Konzentrationslagern, Erschießungen

geprägt war und die Annäherung von Gorbatschow im eigenen
Reich erst möglich gemacht, ist verbreitet. Selbst Polizeieinsatzleiter Rapp gesteht der Friedensbewegung immerhin zu, sie hätte
zu 10 Prozent Anteil daran, dass die Raketen abgezogen worden sind. Lotte Rodi berichtet, wie sie einmal mit einer Frauen-
delegation, die sich für den weltweiten Verzicht von Atomwaffen
einsetzte, hochoffiziell in die Sowjetunion gereist war. »Große
Friedensreise« nannte sich das Projekt. Die Delegation sei von
Arbatow, dem Berater Gorbatschows empfangen worden. Und er
war es auch, der gesagt hätte, Gorbatschow wäre nicht zum Generalsekretär der KPDSU gewählt worden, hätte es die Friedensbewegung im Westen nicht gegeben. Später war diese Aussage
auch in der Presse erschienen.

Es war auch nicht das erste Mal in der Geschichte, dass gerade die russische Seite ein Friedensangebot unterbreitete. Das
Zarenmanifest, das der russische Außenminister Murav'ev im
Auftrag des jungen Zaren Nicholaus II. im Jahr 1898 in St. Peters-
burg dem diplomatischen Korps beim wöchentlichen Empfang
überreichte, hielt fest: Die Aufrechterhaltung des Friedens sei nur
möglich, wenn die übermäßigen Rüstungen herabgesetzt würden. Die negativen Folgen des Wettrüstens lägen auf der Hand.
Es müsse deshalb eine Konferenz einberufen werden, um diesen
unaufhörlichen Rüstungen ein Ende zu bereiten. Damit erhielt die
Friedensbewegung Ende des 19. Jahrhunderts neuen Schwung,
wenngleich noch lange keine Zustimmung in Deutschland. Die
deutsche Presse nahm das Manifest nicht ernst, über die Konferenz wurde kaum berichtet.[137] Und ich kann mich nicht erinnern,
jemals etwas über Friedensbemühungen von sowjetrussischer
Seite in den gängigen Medien gelesen zu haben.

Wie entsteht Zivilcourage?

Als ich im Gmünder Stadtarchiv über den Ausgaben des *Gegendruck* sitze und zwischen den Zeilen die Antwort suche, warum sich einige damals für den Frieden und gegen die Stationierung der Pershings engagierten, die meisten aber nicht, schaue ich kurz hinaus. Drei Jugendliche lehnen an der Wand eines Schuhgeschäfts, und weil die gelb verputzt ist, fällt ihre schwarze Haut umso stärker auf. Sie rauchen, Kabel führen von den Ohren zu den Taschen ihrer Kapuzenjacken. Worüber unterhalten sie sich? Und in welcher Sprache? Was bringt es ihnen, was ich hier tue?

Wer so fragt, hat gleich verloren, höre ich die Weltverbesserer und Aktivisten sagen. Woher nehmen sie die Kraft für ihren unverbesserlichen Optimismus? Andererseits ist es gerade der Pessimismus – mir so vertraut wie eine zweite Haut –, der einen in eine passive Haltung drängt, aus der heraus man nicht agieren, nur reagieren kann, der einen impft gegen politischen Gestaltungswillen mit dem einen fatalen Satz: »Man kann ja eh nichts machen.«

Die Sozialwissenschaftlerin Marianne Heimbach-Steins unterscheidet drei Typen von Erfahrungen, die ethisches Handeln begünstigen:

Wenn fremdes Leid zum eigenen wird, das man nicht mehr länger ertragen möchte.

Wenn man sich durch Vorbilder motivieren kann, die Vision von einer besseren Welt umzusetzen.

Wenn man gesellzchaftliches Engagement als sinnstiftend, oftmals in religiösem Sinne erfährt.

Diese Erfahrungen können helfen, dass Engagement nicht nur ein Strohfeuer ist. Und sie helfen vielleicht auch, wenn man für sein Engagement ignoriert wird, dann belächelt, schließlich beschimpft und kriminalisiert wird. Dann aber hat man gewonnen. Und so lange muss man eben durchhalten.[138]

Unabhängig voneinander haben mir zwei Frauen vor Ort auf meine Frage nach ihrer Kraft, die Ächtung auszuhalten, mit der Redewendung geantwortet: »Ist der Ruf erst ruiniert, lebt sich's herrlich ungeniert.«

Sybille Oker, die damals in den hinteren Reihen mitmarschiert war und die sich heute im Jugendzentrum engagiert, erzählt, dass sie immer schon anders war, als Erste im Dorf Jeans und lange Hemden trug und lange Haare hatte. Und wegen ihres Vaters sei sie eben eine Außenseiterin gewesen. In ihrem Dorf hat sie den gemeindepolitischen Frauenstammtisch gegründet, um der einzigen Frau im Gemeinderat den Rücken zu stärken. Das war damals ein Novum und wurde in anderen Gemeinden von Frauen kopiert. Als sie Ende der 1970er-Jahre an der PH studierte und sich für einen Kindergarten stark machte, habe der AStA noch nicht begriffen, warum das wichtig sei.

Ausgrenzung hatte Lotte Rodi schon früh durch die Vertreibung ihrer Familie aus dem Sudetenland erfahren. Zwar war sie als Oberstudienrätin in der bürgerlichen Mitte angekommen und mit einem Professor der PH Schwäbisch Gmünd verheiratet, doch über ihre eigenen Kinder wurde sie zunächst sensibilisiert, später politisiert. Jemand, der die Bergpredigt lese und wörtlich nehme, müsse sich einfach für den Frieden engagieren. Dass unter den Protestanten laut Umfragen vor Ort zwar mehr Befürworter der Friedensbewegung waren – der evangelische Dekan Frank ließ schon mal die Glocken gegen die Raketenstationierung läuten – täuscht nicht darüber hinweg, dass sich auch die katholische Organisation Pax Christi in Schwäbisch Gmünd engagierte. Schon zuvor hatte sich in Wyhl der Klerus gegen den Bau des AKWs stark gemacht.

Die Bergpredigt als Handlungsanweisung, das Laudato si' des Papstes Franziskus zu Umwelt- und Klimaschutz, Gandhis gewaltfreies Prinzip oder auch die Erklärung der Menschenrechte als Grundlage für gesellschaftliches Engagement. Kraft für Zivilcourage kann nach Umberto Eco auch der Wille sein, eine »Flaschenpost zu hinterlassen, damit das, woran man geglaubt hat oder was man schön fand, auch von den Nachgeborenen geglaubt oder schön gefunden werden kann«.[139]

Der Friedensarbeiter Wolfgang Schlupp-Hauck berichtet von einer Erfahrung, die er bei einem Praktikum in Nordirland gemacht hat. Einmal wurde er von einer Gruppe mit Flaschen beworfen. Er blieb stehen, ging auf die Flaschenwerfer zu, und es gelang ihm, den Zorn in eine sachliche Auseinandersetzung zu verwandeln. »Wenn man das Unerwartete tut, hilft das, die Situation zu entschärfen.«[140] Das wiederum half ihm, bei den Aktionen in Mutlangen mitzumachen und deeskalierend zu reagieren.

Wichtig sind die Bezugsgruppen. Denn in Mutlangen haben sehr wohl auch Menschen am Rand gestanden, die nicht mitgemacht, sich nicht getraut haben. »Zum Mitblockieren hat uns wohl eine Gruppe und sicher auch der Mut gefehlt«, meint Christa Schmaus, die heute in Mutlangen die Friedens- und Begegnungsstätte mitorganisiert.

Oft erwähnt wird in Biografien couragierter Menschen, dass sie die ältesten von mehreren Geschwistern waren. Fühlten sich die einen gerade durch die Eltern als Vorbild ermutigt, waren es bei anderen eher die engstirnigen Verhältnisse, die Ablehnung eines womöglich ehemaligen Nazis als Vater, was anspornte, sich gesellschaftlich zu engagieren.

Woher nahm Volker Nick in den zähen 1980er-Jahren die Kraft, sich wieder und wieder mit dem Einsatz seines ganzen Körpers gegen rollendes Kriegsmaterial zu wehren, schließlich war es nicht immer ganz ungefährlich? Und dafür auch sein Studium aufzugeben? »Einige, die in der Pressehütte lebten, hatten viel aufgegeben dafür, manche hatten nicht mehr viel aufzugeben; jedenfalls haben sie alles in die Waagschale geworfen, und dies hatte wiederum Einfluss auf die Friedensbewegung: Wir haben uns gefragt: Darf ich mein Leben einfach so fortsetzen, wenn die in Mutlangen sich so opfern? Wie hätte ich mich vor eine Klasse stellen und über gesellschaftliche Verantwortung, über Zukunftsgestaltung reden können, wenn ich nicht das Meine dazu beitrage, dass es überhaupt eine Zukunft gibt?« Und was stand dagegen? »Ein zweites Staatsexamen, ein Bausparvertrag, alles läppisch. Hätte man sich im Nachhinein sagen sollen, eben wegen der Prüfung, wegen des Bausparvertrags habe ich mich nicht engagiert, was ist das wert angesichts eines Krieges, der ausgebrochen wäre, und dieser Krieg wurde ja als Szenario von beiden Seiten beschworen.« Schließlich wuchs man an zivilem Ungehorsam und Widerstand. Er habe bis zu seinem Engagement in bürgerlicher Angst vor juristischen Sanktionen gelebt. »Man muss sich der eigenen Angst stellen und sie aushalten.« Zivilcourage eben. Es ist wohl kein Zufall, dass die Zeitschrift der deutschen Friedensgesellschaft diesen Titel trägt.

Am Anfang steht Mitgefühl, doch Mitgefühl ist eine instabile Gefühlsregung, wenn sie nicht in Handlung umgesetzt wird. Sagt Susan Sontag.

Am Anfang steht Empörung, denn es ist nicht gut, zufrieden zu sein. Wenn man zufrieden ist, tut man nichts mehr. Sagt Stéphane Hessel.

Was ist, wenn man an der Empörung, an der eigenen Wut zu ersticken meint? Ein Kollege sagte einmal zu mir, ich käme ihm vor wie die weibliche Version von Michael Kohlhaas. Doch Wut und Widerstand mündeten bei mir nie in den Mut, etwas in Handlung umzusetzen.

Verharre ich, verharren all die anderen, die sich empören, weil es opportun ist und die Empörung allein noch kein Engagement fordert, deshalb im Nichtstun?

So ein bisschen Fatalismus, wie bei den Sängerinnen Nena und Nicole, so ein bisschen wohlfeiler Friede ohne explizit Forderungen zu stellen … Auf keinen Fall aber hätte ich mich damals Hand in Hand in einem großen Kreis auf dem Gmünder Johannisplatz aufgestellt. Wäre ja peinlich gewesen. Man wäre als Spinner angesehen worden. Und womöglich wäre man noch angesprochen, belächelt, beschimpft worden. Geschämt hätte ich mich in Grund und Boden, gebracht hätte es eh nichts. Vielleicht, wenn Freunde in so einer Gruppe gewesen wären, vielleicht hätte ich dann mitgemacht.

Ich beruhige mich nicht.

Mir ist, als drehe ich mich beim Schreiben im Kreis.

Ich bewundere sie, die Mut haben. Die Weltverbesserer, die auf Ungerechtigkeiten in der Gesellschaft wie ein Seismograph reagieren. Die versuchen, das Unmögliche möglich zu machen. Die eine Idee, eine Vision haben. Die Utopien nicht nur selber leben, sondern im Kleinen sehen, dass man etwas bewirken kann, wenn man über den Status der Problemwahrnehmung hinausgeht.

Die sich von Bedenkenträgern nicht beirren lassen, die nicht von Anfang an wissen, dass ihr Engagement, ihre Aktion Erfolg haben wird. »Ja, man muss sich überwinden, sich zu widersetzen. Manchmal auch auf der Straße. Ich habe immer gesagt, wenn ich etwas als richtig erkannt habe, muss ich es tun, auch wenn ich nicht weiß, wie sich alles letztlich entwickelt«, sagt Lotte Rodi.

Es ist wie der Kampf des Don Quichote, der auch andere auf Trab hält. Couragierte Menschen werden zu einer verlässlichen Größe, zum Sand im Getriebe. Je mehr Menschen mit Zivilcourage ein Land hat, desto weniger Helden wird es einmal brauchen.

Ende gut, alles gut?

Unbequem waren sie allemal, die Friedensbewegten von Mutlangen. Gedankt hat es ihnen niemand.

Der Mutlanger Gemeinderat hatte noch 1988 einen eigenwilligen Doppelbeschluss verabschiedet. Erstens solle die US-Regierung alle Pershing-II-Raketen sofort abziehen, und zweitens sollten die Pressehütte, die Leute und Aktionen verschwinden. Die Raketen wurden mit Verzögerung abgezogen, die meisten GIs in den Golfkrieg geschickt, die Friedensaktivisten sind geblieben. »Ich wollte ein Mahnmal setzen für den Sieg des gewaltfreien Widerstands, der die Abrüstung in der zweiten Hälfte 8oer-Jahre erst möglich machte«, sagt Volker Nick. Raketen und Prominente sind aus Mutlangen zwar verschwunden, doch ziviler Widerstand ist heute so berechtigt wie damals. Mutlangen ist atomwaffenfrei, die Welt ist es nicht, und so lange bleiben wir, sagt Wolfang Schlupp-Hauck. Deshalb konzentriert er sich auf die Organisation von regelmäßigen Fahrten zum Fliegerhorst Büchel in der Eifel, wo noch immer zwanzig Atomwaffen stationiert sein sollen. Zu den Demonstrationen kämen etwa hundert bis zweihundert Personen, denn viele Menschen wüssten gar nicht mehr, dass es noch Atomwaffen in Deutschland gibt. Warum geht er seit mehr als dreißig Jahren noch immer auf die Straße? »Solange es Atomwaffen gibt, gibt es auch die Gefahr, dass sie eingesetzt werden.«[141]

Auch im Bürgerprotest Stuttgart 21 sind einige der Friedensaktivisten engagiert. Dort schien es dem Oberstaatsanwalt Bernhard Häußler eine Herzensangelegenheit gewesen zu sein, gegen die

»Straftäter« zu ermitteln, was an den Übereifer des Amtsrichters Offenloch in Schwäbisch Gmünd erinnert, der gegen die Sitzblockierer in Mutlangen mit harter Hand durchgriff.[142]

Obwohl das Verfassungsgericht 1995 alle Urteile aufgehoben hatte, womit bewiesen war, dass die Justiz in Gmünd Menschen zu Unrecht verurteilt hatte, gab es von den Gmünder Richtern weder eine Entschuldigung für ihre überzogenen Urteile noch Bedauern, und auch die Behördenvertreter vor Ort schwiegen – gleichwohl erhielten die so Geschädigten eine finanzielle Entschädigung. Lotte Rodi wurde in Anerkennung ihres Einsatzes 2015 im Alter von 84 Jahren die Staufermedaille verliehen, was sie ihm Gespräch bescheiden verschweigt.

Heute kräht kein Hahn mehr nach der Friedensbewegung von damals, die Spuren sind verwischt. Und doch, was hat sie gebracht?

Die Grünen, die als Ökopartei gestartet waren, profitierten vom NATO-Doppelbeschluss, der wie ein Mobilisierungsschub gewesen sei, mit dem sie »den gesellschaftlichen Resonanzboden«[143] erweitern konnten.

Auch der Osten hatte von den Mutlangern gelernt, denn der zivile Ungehorsam und die gewaltfreie Bewegung wurden dort genau beobachtet, wie der Weitsprung-Olympiasieger Lutz Dombrowski berichtet, der später nach Schwäbisch Gmünd zog und Mutlangen schon lange vorher aus den ostdeutschen Medien gekannt hatte. Der Erfolg der Friedensbewegung stärkte die kirchlichen Gruppen in der DDR, was letztlich zu den Montagsdemonstrationen in Leipzig führte. Das sei der Beweis, dass Gewaltfreiheit als Prinzip funktioniere, und das könne kein Mensch angesichts dieses historischen Ereignisses verneinen, sagt Volker Nick.

Doch offensichtlich sind sich die Verantwortlichen der »Kampagne Ziviler Ungehorsam bis zur Abrüstung« dessen doch nicht so sicher. In ihrer Dokumentation haben sie nicht nur eine Fülle von Informationen gesammelt, sondern sind offen und ernst jedem noch so kleinen Zweifel nachgegangen, um keiner billigen und einfachen Argumentation auf den Leim zu gehen. Alles wird hinterfragt, was die Kampagne dadurch auch verletzlich macht. Das beeindruckt sehr. Und so schreiben sie rückblickend: »Wir hatten in Mutlangen einen Ansatz entwickelt, wie wir uns gegen die stärkste Militärmacht aller Zeiten mit den Mitteln der Gewaltfreiheit effektiv zur Wehr setzen können. Wir haben unser Ziel erreicht. Ansonsten sind wir gescheitert. Nur mit Mühe können wir uns daran erinnern, dass wir mal so Sachen wie Soziale Verteidigung bei uns einführen wollten, gewaltfrei und von unten.«[144]

Volker Nick, dem der Schalk aus den Augen blickt, so als amüsiere er sich ein wenig über die Vorkommnisse von damals, der seine Worte sorgfältig wählt – haben die vielen Prozesse ihn das gelehrt? –, kommt plötzlich ins Stocken, als ich ihn nach der Friedensbewegung von heute frage. »Die gewaltfreie Bewegung hat definiert, was man nicht tun soll, aber was man tun soll, darauf hatte sie keine Antwort«, sagt er und verstummt wieder. Immerhin mündete der gewaltfreie Widerstand in eine Bürgerbewegung, das Prinzip hat funktioniert. »Und dass das heute tot ist?« Fassungslos schaut er vor sich hin. Ja, klar, die Flüchtlingshilfe, er nickt, und Christa Schmaus wird später in einer Mail schreiben, dass in der Pressehütte Flüchtlinge aus Afghanistan leben. Seit vielen Jahren werde das internationale Frauenfrühstück organisiert und regelmäßig kämen auch muslimische Frauen. Und das Lyrikadenprojekt sei beliebt. Alles in allem sei die Pressehütte ein Teil des Mutlanger Vereinsspektrums, akzeptiert von den meisten Bürgern, wegen des politischen Engagements und der Flüchtlingsarbeit sei die Akzeptanz noch gestiegen. Die neue Bürgermeisterin habe Unterstützung angeboten. Sie werde zudem die Arbeit ihres Vorgängers weiterführen bei den »Mayors for Peace« – einem weltweiten Zusammenschluss von Bürgermeistern –, um die Nuklearwaffenkonvention durchzusetzen, wonach die Welt 2020 atomwaffenfrei sein soll. Auch, so Christa Schmaus, hat die Pressehütte Jugendliche der Gruppe BANg – Ban All Nukes generation – darin unterstützt, auf den Abrüstungskonferenzen Reden zu halten. Und unter dem Motto »Schulfrei für die Bundeswehr« wurde jahrelang für die Friedensarbeit in den Schulen gekämpft und 2017 eine Veranstaltungsreihe mit der PH Schwäbisch Gmünd organisiert.

Ob er sich denn in Mutlangen mittlerweile akzeptiert fühle, frage ich Volker Nick, der heute als Fahrradkurier unterwegs ist. Er arbeite, das sehen die Leute und schätzen es wohl. Fünf Jahre lang habe man im Mutlanger Amtsblatt inseriert, dass man das Carl-Kabat-Haus besichtigen könne, das nach ökologischen Standards umgebaut wurde. Nur eine Person sei gekommen. Und ja, die Pressehütte bot eine Zeitlang gewaltfreie Trainings für Gruppen an, die sich für politische Aktionen interessieren, aber der Markt habe sich geändert, mittlerweile gebe es so viele Mediatoren und Coaches, die gewaltfreie Trainings anbieten. Es fehle einfach ein politisches Ziel, das zu motivieren und zu mobilisieren vermöge, hält Volker Nick dagegen. »Die atomare Bedrohung ist für die Jugendlichen einfach nicht mehr erlebbar.«

Wohl aber die Klimakrise, die Jugendliche auf die Straßen treibt, die Fridays-for-Future-Bewegung. Tatsächlich bezieht sich die Extinct Rebellion auf den zivilen Ungehorsam und nimmt auch die Folgen der Massenverhaftungen in Kauf – die Polizei in London reagierte ungewöhnlich gewalttätig. Den Aktivisten von Climate Justice wurde nach der Verbarrikadierung von Banken in Basel und Zürich u. a. Nötigung vorgeworfen, die Strafen fielen unverhältnismäßig hoch aus. Die Kriminalisierung von Menschen, die sich für Ziele einsetzen, die weder politisch noch ökonomisch konform sind, erfolgt erneut nach demselben Muster. Am Flughafen in Zürich organisierte Climate Justice ein Die-in zu Beginn der Sommerferien, die Aktivisten legten sich wie Tote den Flugpassagieren in den Weg. Die Aktion ging nach demselben Muster vor wie damals in Mutlangen: Man war genau instruiert, wie man sich im Falle einer Polizeikontrolle verhalten soll, die

Presse wurde informiert und die Flughafenleitung. Schließlich sollte über die Aktion berichtet werden. Die Klimademonstrationen haben einen enormen und nicht vorhersehbaren Zulauf. Der Druck der Einzelnen führt dazu, dass Politiker – vielleicht auch bloß aus Angst vor Verlust der Wählerstimmen – einknicken und, wie z. B. in Basel und Zürich, den Klimanotstand ausrufen, der jedoch wenig mehr als bloß symbolischen Charakter hat. Es wird sich zeigen, wie konsequent und mit welchen Mitteln die Bewegung Forderungen stellt, ob nicht auch sie wie ein Strohfeuer verglimmt, wenn rasche Erfolge ausbleiben. Denn die Teilnehmerzahlen bei Demonstrationen und Klimapartys gehen zurück, die Flugpassagierzahlen erreichten indes im Sommer 2019 einen neuen Höhepunkt.[145] Flugscham und Zugstolz fallen nicht ins Gewicht, rechnen Umweltökonomen vor.

Auch als ich Volker Nick erzähle, dass die französische Bewegung »Nuit debout« mit Sitzblockaden und Sprecherräten ähnlich agiere wie einst die Blockadegruppen in Mutlangen, dass sich die Occupy-Bewegung in Frankfurt 2012 auf die Mutlanger Sitzblockaden bezieht und Straffreiheit fordert, mehr Menschen als all die Jahre zuvor zu den Ostermärschen gehen, zuckt er mit den Schultern.

Eher zu denken geben ihm die Worte seines Mitstreiters Christoph Then, der damals für seine Überzeugung ins Gefängnis ging: »Die Einsicht schmerzt, dass uns die Utopien von damals abhandengekommen sind, und es schmerzt noch mehr, dass wir heute nicht deshalb scheitern, weil unsere Utopien falsch sind, sondern weil wir nicht mehr den Mut haben, mit uns und an unseren Utopien zu arbeiten.«[146]

War es wirklich die Friedensbewegung in Mutlangen, die zum Abzug der Raketen führte? Oder ging der Kalte Krieg wegen der Aufrüstung zu Ende, die sich der Osten nicht mehr leisten konnte? Sicher ist sich da keiner. Historiker streiten bis heute. Der

Vertrag über die Verschrottung der Mittelstreckenraketen, den der damalige russische Generalsekretär Michail Gorbatschow mit US-Präsident Ronald Reagan 1987 abschloss, ist nicht zuletzt eine Spätwirkung der Friedensbewegung. Gorbatschow sagte mehrmals, dass er seine Friedenspolitik intern nicht hätte durchsetzen können ohne die Friedensbewegung im Westen. Denn die Russen waren nach zwei Weltkriegen und vielen Millionen Toten eine traumatisierte Nation. Gorbatschow konnte mit dem Argument überzeugen, das friedensbewegte Deutschland sei nicht mehr das Deutschland, das man aus der Hitlerzeit kannte.

Der Erfolg, sagt Lotte Rodi, habe viele Väter. »Einer davon sind wir.« Warum könne man dann von dem, was die Friedensbewegung damals auf die Beine gestellt hat, heute so wenig profitieren, frage ich sie, die den Kopf schräg legt, als sie mir zögerlich antwortet. Viele Baustellen gebe es, eben die Flüchtlinge, das Nord-Süd-Gefälle, die ganze Ökobewegung, die Klimademonstrationen ... Die erste große gemeinsame Aktion hätte es dann damals beim ersten Irakkrieg gegeben, da haben sich die gleichen Leute wiedergefunden. Und auch vor Kurzem wieder, als die Pegida einen Auftritt im Stadtgarten hatte, da wurde eine Gegendemonstration mit Spruchbändern organisiert.

Zum Krieg in Syrien hat die Friedensbewegung tatsächlich keine Antwort. Die einzige Forderung, die gebetsmühlenartig vorgetragen wird und verpufft: Keine Waffen liefern. Diese Forderung steht immer noch auf der Agenda beispielsweise der Linken und der IG-Metall. Den Exporteuren gingen vor zwanzig Jahren die Argumente aus, jetzt kommen sie mit denselben Argumenten wieder, so Werner Jany. Dabei wäre es auch hier so einfach: Einen militärischen Arbeitsplatz könnte man in zwei bis drei zivile Arbeitsplätze umwandeln. Das Thema flackert immer nur wieder kurz auf ohne jegliche nachhaltige Wirkung, dafür ist die Rüstungslobby einfach zu stark, wie jüngst der 120 Milliarden schwere Waffendeal zwischen den USA und Saudi-Arabien erneut zeigte.

Von der Friedensbewegung sei allerdings sehr wohl etwas übrig geblieben, die »Gmünder Initiative gegen den Krieg«, obwohl sich da nur noch einmal im Monat beim Griechen ein kleiner Rest von früher trifft, erzählt Werner Jany. Aktiv beteilige man sich bei den Aktionen gegen die »Sicherheitskonferenz« – gegen den Ausbau des militärisch-industriellen Komplexes und die Planung weiterer Kriege – in der schwäbischen Gemeinde Königsbronn. Ausgerechnet dort, wo der Hitler-Attentäter Georg Elser zu Hause war. Man muss halt im kleinen Umkreis aktiv sein, Veranstaltungen organisieren und Medien informieren, Themen aufs Tapet bringen, die sonst nirgends mehr auftauchen.

Das meint auch Sybille Oker, die einst mit Kind und Kegel mitmarschierte. Aufschreiben müsse man das alles, damit man es nicht vergesse, schließlich seien die Selbstbestimmung, die Friedensbewegung, die Abrüstung nicht selbstverständlich gewesen, man habe sie sich erkämpfen müssen und müsse nun darum kämpfen, dass sie nicht in Vergessenheit geraten. »Wie eine Pflanze ist die Friedensbewegung umgeknickt, man muss die Ideen hegen und pflegen wie ein Gärtner.« Und am nächsten Tag ruft sie nochmals an und sagt, es stimme nicht, dass nichts mehr übrig sei von der Bewegung, man müsse eben Geduld haben. Der Geist von damals, selbst wenn er heute in der Gesellschaft nicht verbreitet sei, wurde über die eigenen Kinder weitergegeben. Das sehe man daran, dass die Kinder der damaligen Friedensbewegten sich heute sozial engagieren, Vorbilder hätten wie die Widerstandsgruppe Rote Kapelle, so heißt jetzt eine Punk-Band, oder die Widerstandskämpferin Lilo Herrmann, nach der eine soziale Einrichtung in Stuttgart benannt wurde. Und alle machen sie mit bei den Refugee-Welcome- und Klimademonstrationen. Auch das viel zitierte und vom derzeitigen Gmünder Oberbürgermeister Arnold hochgelobte ehrenamtliche Engagement während der Landesgartenschau sei auf die Friedensbewegung zurückzuführen – nach vielen Jahren hätte man sich dort wiedergetroffen. »Es dauert halt, bis so was Früchte trägt. Dass die Friedensbewegung so gar nichts gebracht hätte, würde ich so nicht sagen. Gmünd und Mutlangen haben sich durch die Bewegung verändert, man hat gesehen, dass Protest in dieser Form möglich ist, dass man etwas erreichen kann. Ja, es geht, man muss es nur tun!«

Im Campusmuseum in Schwäbisch Gmünd – eingerichtet auf dem Gelände der ehemaligen Bismarck-Kaserne, in der einst die Kommandozentrale der Pershing-Brigaden eingerichtet war und heute das Landesgymnasium für Hochbegabte untergebracht ist – sind Artefakte aus der Geschichte der Kaserne bis hin zum Kalten Krieg ausgestellt. Lehrer und Schüler kümmern sich zudem um begleitende Veranstaltungen, wie z. B. über die Geschichte der Flüchtlinge und die Unterbringung in der Kaserne damals nach dem Zweiten Weltkrieg. Als ich zusammen mit Volker Nick und Heino Schütte im April 2017 dieses kleine Museum besuchte, war es für den anwesenden jungen Lehrer und seinen Schüler interessant, Zeitzeugen aus der damaligen Bewegung diskutieren zu hören. Man versprach, sich um die Berichtigung so einiger Fehler in den Begleittexten zu kümmern und unbedingt auch bald mal wieder eine Veranstaltung zur Friedensbewegung zu machen.

Für die Natur war die Stationierung der Raketen ein Segen, schreibt die örtliche *Rems-Zeitung*. Der Hornberg war damals Übungs- und Fahrschulgelände. In den Bunkern oberhalb von Waldstetten können heute Fledermäuse Schutz finden. Und was für die Landschaft damals eine starke Belastung war, sei aus der Distanz betrachtet ein Glücksfall, denn die Natur konnte sich entwickeln und blieb – abgesehen von den Bunkern – unbebaut. So kann es die Hornberger Heidelandschaft mit der Lüneburger Heide aufnehmen.[147]

Seit dem Abzug der Raketen ist Mutlangen nochmal richtig gewachsen. Auf dem ehemaligen Armeegelände wurden ein »Wohnpark« errichtet und die zweitgrößte Solarparkanlage Baden-Württembergs aufgestellt.

Die Friedensbewegung aber? Interessiert doch keinen mehr, sagt mir jeder.

Aus Wut und Empörung entsteht aber noch kein guter Text, als Katalysator mögen sie taugen. So ist das Schreiben darüber wie eine Choreografie des Vergessens. Und keinesfalls lustvoll, sondern voller Zweifel und Unsicherheit. Auch das ständige Hinterfragen all der Informationen und Bedenken und Meinungen und Erinnerungen lässt mich vor jedem Satz zögern, den ich niederschreibe.

Was ging damals vor sich, warum und wie? Wenn alte Mächte die Welt heute wieder voll im Würgegriff haben, ist es Zeit, sich daran zu erinnern, wie es einer Handvoll Menschen gelingen konnte, als David Goliath in die Flucht zu schlagen. Denn jenseits der Frage, ob nun die »Nachrüstung« oder aber die Friedensbewegung zum Ende des Kalten Kriegs geführt hat, ist Mutlangen zum Symbol dafür geworden, politische Gegensätze und zivilen Ungehorsam als Teil einer demokratischen Konfliktkultur zu verstehen – und auch auszuhalten. Wyhl, Mutlangen, die Menschenkette und die Friedensbewegung haben gewaltfreie Formen des Protests als Mittel der politischen Auseinandersetzung etabliert und legitimiert.

Die Kündigung des INF-Vertrags im Jahr 2019 ändert daran nichts, sie befördert womöglich und hoffentlich nur die derzeitige Bereitschaft, sich gegen Übermacht und Systeme zu wehren. Diese Hoffnung aber hat sich noch nicht bestätigt, es bleibt merkwürdig still. Unermüdlich fordert die IPPNW die Unterzeichnung des Verbots von Atomwaffen, während seit der Kündigung des INF-Vertrags ein neuer Rüstungswettlauf anzulaufen scheint – dieses Mal aber nicht in einer bipolaren, sondern multipolaren Welt. Europa soll sich selbst überlassen, die US-Truppen aus Deutschland sollen gar abgezogen werden. Ende gut, alles gut?

Freie Sicht aufs Mittelmeer

Mitte der 1990er-Jahre saß ich gemütlich in einer German Bakery in Kathmandu, als mich junge Tibeter in ein Gespräch verwickelten. Sie fragten mich, ob ich an Tibets Unabhängigkeit glaube, da ich gerade aus Tibet zurückgekehrt war. Ich zögerte, bevor ich den Kopf schüttelte. Sie fragten, woher ich käme, und lachten, als ich sagte: »Deutschland.« Ich verstand ihr Lachen nicht, und sie erklärten mir: »Auch ihr habt nicht geglaubt, dass die Mauer fallen wird, und schau, was passiert ist!« Und wir erinnerten uns, wie Egon Krenz nach seiner Rückreise aus Peking gesagt hatte, ein 4. Juni sei in der DDR undenkbar und die Niederschlagung des Aufstands auf dem Platz des Himmlischen Friedens notwendig gewesen. Wenige Monate später ist sie gefallen, die Mauer. Mit gewaltfreien Demonstrationen, mit zivilem Ungehorsam zwang man innerhalb weniger Wochen eine Diktatur in die Knie. Wer hätte das für möglich gehalten?

Und hätte zu Gandhis Zeiten tatsächlich ein westlicher Oberbefehlshaber welcher Armee auch immer geglaubt, so ein Männchen, eingewickelt in einen leinenen Sari, würde die britische Kolonialmacht in die Knie zwingen? Hätte jemand gedacht, wegen einer Handvoll Traumtänzer würden die Raketen in Mutlangen abtransportiert werden?

So muss es Mitte der 80er gewesen sein, als jeder die Abrüstung für selbstmörderisch hielt, als wider jegliche Erwartung und trotz immer lauteren Säbelrasselns Gorbatschow erste Schritte unternahm, den Abrüstungsvertrag in die Wege zu leiten. Der Vertrag wurde am 8. Dezember 1987 von Ronald Reagan, was diesem Cowboy ebenfalls niemand zugetraut hätte, und Michail Gorbatschow unterzeichnet. Nur mit solch einer »ver-rückten« Vision hat sich die Welt in den letzten Jahrzehnten verändert, mit Pragmatismus wäre die Menschheit keinen Schritt weitergekommen. Dass nun ein neuer Maulheld den INF-Vertrag kündigte, wird in seiner Tragweite tragischerweise nur am Rande wahrgenommen, die Reaktionen sind hilflos – ist damit die Friedensbewegung endgültig verstummt?

Wir haben uns freiwillig einer alternativlosen Zustimmung und vorauseilendem Gehorsam unterworfen, machen mit oder lassen es einfach geschehen. Wir suchen unser eigenes komfortables Überleben, noch scheint uns nichts dazu zu zwingen, nicht der Klimawandel, weggeworfene Lebensmittel, die nicht der Norm entsprechen, Überproduktionen von Gütern, die Aussicht auf Kriege um Rohstoffe – die Informations- und Bilderflut hat uns vielmehr immunisiert. Und die Menschen sagen zu allem Ja, »obwohl sie bei einem Nein keine physische Bedrohung, nicht Folter und Tod zu befürchten hätten«.[148]

Wenn Politiker neuerdings kritisieren, dass die Friedensbewegung angesichts der zahlreichen kriegerischen Konflikte weltweit schweigt und niemand gegen die militärischen Invasionen Putins in Syrien, der Krim, im Osten der Ukraine auf die Straße geht, stellt sich erneut die drängende Frage: Was ist aus ihr geworden? Tangieren uns die Kriege nicht mehr, weil die Schauplätze zu weit weg sind? Dagegen spräche Vietnam. Die Verbrechen gegen die Menschheit lagen auf der Hand und vermochten viele Menschen zu mobilisieren, was sogar dazu führte, dass die Wehrpflicht in den USA abgeschafft wurde. Heute aber scheint die Situation komplexer. Die Vielzahl der am Krieg beteiligten Akteure, die organisatorische Verquickung von Rüstungsindustrie und internationaler Kriminalität führe zur fehlenden Friedensperspektive, so der Historiker Herfried Münkler über die Neuen Kriege an den Rändern der Wohlstandszonen.[149] Es gibt keine klaren Fronten mehr und Rebellen, deren Gesinnung nicht ohne Zweifel ist. Putin als Feindbild scheint politisch und wirtschaftlich gesteuert, zumal der Militärhaushalt der USA um ein Vielfaches größer ist als derjenige Russlands. Aufgrund der Informationsflut wächst das Misstrauen, und man könne nur noch versuchen, Informationen zu sortieren und Infos herauszufiltern, so die langjährige Friedensaktivistin Antoine Mächtlinger über das Schweigen der Friedensbewegung.[150]

Könnte man diesen Gedanken, das Schweigen und die angebliche Folgenlosigkeit der Friedensbewegung – wie sie mehrfach gerade vonseiten der Friedensbewegten eingestanden wird –, nicht wieder in politische Bahnen lenken, indem man die Zusammenhänge zwischen Bürgerkriegen und Rüstungsindustrie erneut aufdeckt, jetzt, da so viele Flüchtlinge nach Europa drängen? Der Krieg kehrt zu seinem Ursprung zurück. Wenn wir die Krisen nicht friedlich lösen, wird es auch hier bei uns Krieg geben, sagt Friedensaktivist Malte Fröhlich, der übrigens wie Walter und Inge Jens in Deutschland stationierte US-Soldaten versteckte, die damals nicht in den Golfkrieg wollten, worauf für die Soldaten die Todesstrafe stand.[151]

Früher und jüngst wieder gehen Impulse für die Gesellschaft von Jugendlichen aus, auch wenn man ihnen vor Kurzem noch vorwarf, zu angepasst zu sein, von der Schule auf Effizienz getrimmt und für den Wettbewerb gerüstet zu werden. Die 68er werden als Vorbild präsentiert, doch damals waren die Aufmüpfigen eine kleine Minderheit, während andere für Peter Kraus und Cornelia Froboess schwärmten. Solche Minderheiten sind auch heute aktiv, deren Versuche jedoch prallen an der Mehrheitsgesellschaft ab, flackern oft wie Strohfeuer kurz auf. Oder wie Occupy-Aktivist David Graeber es formuliert: Die Aktionen versanden bei ausbleibendem Erfolg, nach Überschreiten eines Aktivierungshochs.[152] Ähnliches konnte man auch in Mutlangen feststellen:

Als das Parlament Ende November 1983 der Raketenstationierung trotz des Widerstands der Bevölkerung zustimmte, war die Friedensbewegung zu einem Ende gekommen. Zumindest schien es so nach außen hin, weil die lokalen Gruppen, die sich nach wie vor für Frieden einsetzten, nicht mehr als Ganzes wahrgenommen wurden, die breite Unterstützung durch die Bevölkerung wegfiel, und nur ein paar Aktivisten in Mutlangen und anderswo beharrlich weiterprotestierten, was als Ritual irgendwann von der Mehrheit der Bevölkerung nicht mehr weiter beachtet wurde. Ist gegen politische Machtverhältnisse und fest gefahrene gesellschaftliche Strukturen also doch nicht so einfach anzukommen? Ist das System also doch zu mächtig?

So plötzlich, wie Demonstrationen, Unruhen, Revolten gekommen sind, scheinen sie zu verschwinden. Der Aufruhr, die Empörung – wie ein Fluss. Mal taucht er rauschend auf, versickert dann unter der Erde, um anderswo wieder hervorzubrechen.

Occupy hat mit der Besetzung zentraler Plätze in Bankenvierteln – Manhattan, London, Frankfurt, Zürich und Hongkong – wirksame Zeichen gegen die Diktatur der Ökonomie gesetzt, was wiederum von anderen Bewegungen aufgegriffen wurde, man denke an die Bedeutung des Tahrir-Platzes in Kairo, den Gezi-Park in Istanbul, den Syntagma-Platz in Athen und Central in Hongkong, wo sich die Umbrella-Bewegung auf den zivilen Ungehorsam und Vordenker wie Thoreau und Gandhi berief. Bei den Unruhen 2019 in Hongkong hat sich zudem eine neue Qualität von Protestikonografie gezeigt.

Mit zeitlich begrenzten autonomen Inseln wird auf die Strategie der Ansteckung gesetzt, doch wie erfahren andere von der Idee, die dahintersteckt? »Was Beteiligte als tief greifende und transformierende Erfahrung erleben, sieht von außen oft eher merkwürdig aus, wenn es nicht als Äußerung eines schrägen Kults wahrgenommen wird«, sagt selbst Aktivist Graeber.[153] Das dürfte auch auf die Mutlanger Situation übertragbar sein, da konnten die Bewohner der Pressehütte, die besonnenen Friedensaktivisten um Lotte Rodi und die Blockadeaktionen der »Kampagne Ziviler Ungehorsam bis zur Abrüstung« noch so viele Argumente gegen die Raketen und für den Frieden vorbringen, für die Bevölkerung blieben sie Sonderlinge.

Vielleicht kann man aber mit anderen Formen des gewaltlosen Widerstands eher Ziele und die Solidarität der Bevölkerung erreichen? Der Erfolg der globalisierungskritischen Bewegung Global Justice Movement lag beispielsweise in der Kostümierung. Die Polizei war nicht vorbereitet darauf, denn, wie oben schon erwähnt, werden die Sicherheitskräfte auf extreme Gewalt vorbereitet, obwohl sich Aktivisten derer nie bedienen, nicht aber auf mögliche Formen des gewaltfreien Widerstands. Das zeigten die Seniorenblockaden sowie die fantasievolleren Blockadeformen in Mutlangen wie die Konzertblockade. Man stelle sich vor, nicht nur eine Handvoll Musiker blockiert die Einfahrt zum Depot, sondern auch gleich all die Anwohner, die aus Neugierde gekommen sind. Und die Polizei würde sich hüten, die bislang friedlich gesinnten Anwohner zu räumen, gewaltsam gegen die Blockierer vorzugehen, womit sie sich nämlich das Wohlwollen der Bevölkerung verscherzen würde. Also liegt in der Kreativität eine Chance für gewaltfreien Widerstand und zivilen Ungehorsam, denn Aufmerksamkeit erhält nur, wer es versteht, sich Inhalte intelligent anzueignen. Das gilt auch für die Aktionen der Extinction Rebellion, die zum Beispiel die Limmat grün gefärbt haben – die Nachricht schaffte es um die Welt.

Widerstand regt sich vor allem bei den (ganz) Jungen und den (ganz) Alten, so habe ich es jedenfalls bei den Aktionen in Zürich gegen Bildungsabbau und für Flüchtlingsengagement erlebt, bei der Unterschriftensammlung gegen die Finanzierung der Rüstungsindustrie mit der 86-jährigen Louise Schneider als fast schon Galionsfigur. Und auch bei den Klimademonstrationen sind es die jungen Menschen, allen voran Greta Thunberg, die sich engagieren. Lotte Rodi in Schwäbisch Gmünd wurde durch ihre Kinder politisch sensibilisiert, so wie ich es auch bei mir selbst beobachte. Seit mein Sohn sich politisch engagiert, mir gelegentlich von Aktionen und politischen Diskussionen berichtet, hat dies auch zum Überdenken meiner bisherigen Lebensweise geführt. Ja, man kann sich Jugendliche durchaus zum Vorbild nehmen, die noch an Utopien glauben. Ihre unverbrauchte Kraft und ihr Gestaltungswille imponieren jedenfalls, denn beides hat sich im Laufe der Jahre bei uns Älteren abgenutzt.

Der indische Intellektuelle und Essayist Pankaj Mishra setzt in seinem Interview mit dem bezeichnenden Titel »Die Welt sitzt in der Falle« tatsächlich viel Hoffnung auf die Jüngeren in Europa. »Ich stelle fest, dass sie eine ganz andere, viel realistischere Sicht auf die Welt haben als die Leute, die in den stabilen Nachkriegsjahrzehnten groß geworden sind. Wie viele ältere Menschen blicken sie in eine Zukunft, die sehr viel schlechter sein wird als die Vergangenheit. Aber anders als die Älteren haben sie nicht mehr die Erwartung, dass alles gut oder besser wird. Das ist ein radikaler Perspektivenwechsel, von dem ich mir einiges verspreche.«[154]

Auf der anderen Seite gibt es wohl unter Jugendlichen eine Mehrheit, die sich fügt und konsumiert. In regelmäßigen Abständen wird dieses Desinteresse festgestellt, werden entsprechende Bildungsprogramme gefordert und Einfluss auf Schullehrpläne genommen. Ändern tut sich nichts, was ich bei meiner eigenen Unterrichtstätigkeit feststelle. Politik – und ein Stöhnen geht durch die Klasse, beim Themenranking belegt es stets den letzten Platz. Umberto Eco meint, dass man gegen rohe Intoleranz nur wenig ausrichten könne, erwachsene Menschen, die aus ethnischen oder religiösen Gründen aufeinander schießen, zur Toleranz zu erziehen, sei Zeitverschwendung. Intoleranz müsse bekämpft werden an der Wurzel, »durch permanente Erziehung, die im zartesten Alter beginnt, bevor sie zu einer Doktrin gerinnt und bevor sie eine zu dicke und harte Verhaltenskruste wird«.[155] Die Friedenspreisträgerin Caroline Emcke fordert in ihrem Buch *Gegen den Hass* mehr Bildungsangebote, um demokratische Werte zu vermitteln, Stéphane Hessel eine Erziehung des Mitgefühls. Ich meine, die Vermittlung von Werten beginnt in der Familie, politische Bildung ebenfalls, mit Diskussionen bei einem gemeinsamen Abendessen zum Beispiel, aber wer hat dafür noch Zeit? Wenn Mann und Frau gestresst sind und schon Kinder auf den Wunschzettel für den Weihnachtsmann schreiben, Mama und Papa sollen mehr Zeit haben zum Spielen?

Die Welt, so die französische Autorin Gila Lustiger im Zusammenhang mit den Jugendunruhen in Paris, »ist derzeit ziemlich aus den Fugen geraten ... Auf jeden Fall sollte man sich nicht von irgendwelchen Bedenken abhalten lassen, zu versuchen, sie ein wenig einzurenken«.[156] Zu den Einrenkern zählt sie beispielsweise Lehrer, aber auch all jene, die im Alltag zeigen, »dass eine andere Welt möglich ist« in dieser aus den Fugen geratenen und zu einer profitorientierten und egoistisch gewordenen Gesellschaft. Und viele würden tagein, tagaus versuchen, jeder auf seine eigene bescheidene Weise, diese Welt ein wenig einzurenken.

Wenn man nun aber schon die Verantwortung auf den Bildungsbereich abwälzen möchte, könnte man einmal damit beginnen, die Lehrpläne nach Vorbildern zu durchforsten. In Schulbüchern findet man viel über Kriege, kaum etwas über zivilen Ungehorsam, Bürgerrechtsbewegungen, Widerstandsgruppen. In fast allen westlichen Gesellschaften der Welt fehlt die Geschichte der Friedensbewegung und überhaupt des Friedensgedankens in den Lehrplänen. Die Abwesenheit von Friedenspädagogik führt dazu, dass Ideale wie Friede und Gewaltlosigkeit kaum eine Rolle spielen. Die Unsichtbarkeit des Friedens steht indes in krassem Widerspruch zu den zahllosen Kriegs- und Soldatendenkmälern; man denke auch an die Benennung von Straßen und Plätzen, führt der Historiker und Koordinator des Internationalen Netzwerks der Friedensmuseen Peter van den Dungen aus.[157] Dabei ist es jedes Mal erstaunlich, wie positiv Jugendliche auf Dokumentarfilme über beispielsweise Nelson Mandela oder Mahatma

Gandhi reagieren und dass sich sogar eine reine Jungenklasse für die Bewegung der Suffragetten interessieren lässt.

Eine Schülerin hat am Gymnasium in Schwäbisch Gmünd die Arbeit »Führt Widerstand automatisch ins gesellschaftliche Aus?« für den Geschichtswettbewerb des Bundespräsidenten geschrieben und sich mit den Anfeindungen der Bevölkerung gegenüber den Friedensbewegten befasst. Auf meine Frage, was ihr die Beschäftigung mit der Friedensbewegung außer einem Förderpreis denn noch gebracht habe, antwortete sie, dass sie sehr beeindruckt gewesen sei vom Engagement der Menschen. »Was haben sie alles auf's Spiel gesetzt, wurden dafür auch noch bestraft und verhaftet. Doch sie ließen sich nicht beirren, nicht abbringen von ihrem Weg und haben viel bewirkt, nur schon, weil sie Antworten forderten und die Menschen dazu brachten, die Situation zu hinterfragen.«

Die Veränderung ging und geht immer von einer Minderheit aus, die von der Mehrheit dafür bespöttelt, im schlimmsten Fall bestraft wird. Während die Mehrheit zufrieden ist mit dem Status quo, empört sich die Minderheit, das ist allen Bürgerrechtsbewegungen gemein. So ist auch Stéphane Hessels Aufruf »Empört Euch« zu verstehen. Empörung sei aber nur eine erste Etappe, es brauche eine Perspektive, einen Willen, in Alternativen zu denken. Mitgefühl und Solidarität bringen unsere Welt voran, das Potenzial sei noch lange nicht ausgeschöpft. Das zeigt in der Tat das überwältigende Engagement all der Ehrenamtlichen, die sich für Flüchtlinge einsetzen; die vielen Demonstrationen, um endlich die Politiker zum Handeln zu zwingen, damit sich das Klima nicht weiter verschlechtert.

Diese Erziehung zum Mitgefühl, die das Gegenteil von Noch-mehr-Wollen und Egoismus bedeutet, hat die Occupy-Bewegung gelebt, wird im Zusammenhang mit den Klimastreiks erneut artikuliert. Höchste Zeit, dieses Potenzial nutzbar zu machen für politische Reformen, »sonst fährt die Menschheit die Welt an die

Wand«.[158] Weiterhin müsste die Umverteilung des Reichtums, die Kluft zwischen Reichen und Armen überwunden werden, der Raubbau der Natur zugunsten der Industrieländer, denn diese führten zu immer neuen Konflikten, Krieg und Terror.

Die Friedensbewegung könnte mit ökonomischen und ökologischen Themen wieder in aktuelle Diskussionen eingrätschen und Zusammenhänge aufzeigen – in attraktiven Foren und mit kreativen Formen. So könnten globale Probleme zur lokalen Empörung führen. Dies war einst auch eine der Ideen der Friedensbewegung und hat im Fall der Anti-Atomkraftbewegung in Wyhl funktioniert; dem ersten erfolgreichen Fall von gewaltlosem Widerstand zumindest in Baden-Württemberg, wenn nicht sogar deutschlandweit.

»Wo aber Gefahr ist, wächst das Rettende auch«, sagte einst Friedrich Hölderlin. Zu den 1.-Mai-Demonstrationen kommen in Zürich und ganz ohne Not neuerdings mehr Teilnehmer.

Auffällig ist jedenfalls, dass die Unzufriedenheit wächst, dass Jugendliche vermehrt sich wieder einmischen, dass mit alternativen Lebensformen experimentiert wird. Es gilt also, wieder in alternativen Räumen zu denken, Visionen zu teilen, verschiedene Lebensformen auszuprobieren. Der Gründer Felix Finkbeiner von Planet-for-Planet glaubt fest an die Formel $2^{33} = 8$ Milliarden. Wenn zwei Menschen zwei andere begeistern und diese vier dann wieder vier andere und so weiter, dann teilt nach 33 Multiplikationen die gesamte Menschheit dasselbe Ideal.[159] Aus einem Tropfen wird ein Bach, aus einem Fluss ein Strom … Und wenn Erfolgsgeschichten, die nicht auf Profit abzielen, weitererzählt werden, wenn da doch etwas gegangen ist, obwohl immer alle sagen, dass da nichts geht, wird eine Gegengeschichte geschaffen. Solche Gedanken dürfen nicht mehr länger in der Subkultur verwurzelt sein, sondern sollten in sämtlichen gesellschaftlichen Gruppen wie Samen ausgestreut werden. Mitstreiter muss man dafür finden, denn alleine schafft das keiner. Das hat auch der Mutlanger

Widerstand gezeigt und deshalb das Bezugsgruppensystem etabliert. In einer Gruppe lässt sich eher die Trag- und Zukunftsfähigkeit von Visionen diskutieren und ausprobieren. Und attraktiv sind diese Visionen allemal, denn es liegt auf der Hand, dass die bisherigen Lebensentwürfe irgendwann nicht mehr aufgehen. Mit dem Appell aber, anderen zu sagen, was sie falsch machen, erregt man rasch den Widerstand wiederum der Mehrheit, eine Gratwanderung also. Welche Folgen es haben kann, mit eisernem Griff die Menschen zu ihrem vermeintlichen Glück zu zwingen, hat sich im letzten Jahrhundert ebenfalls gezeigt.

Was bedeutet das nun konkret für den Frieden? In Alternativen und groß denken, warum also nicht Trainings für alle im Sinne der Gewaltlosigkeit statt einer Ausbildung an der Waffe? Warum Soldaten nicht im »peace building« trainieren? Lotte Rodi erinnert sich, wie ihr ein Bundeswehrsoldat von gewaltfreier Konfliktbearbeitung zwischen Südossetien und Russland erzählte, die OECD sei dabei federführend gewesen, was zum relativ gewaltfreien Transformationsprozess geführt habe. Wenn das Prinzip der Gewaltfreiheit also schon mehrere Male funktioniert hat, warum setzt man es nicht öfter um, wenn doch nur allzu offensichtlich ist, dass Gewalt nur Gewalt hervorruft und alle militärischen Strategien – vom Koreakrieg über Vietnam, Afghanistan zum Irakkrieg – mehr Gewalt hervorriefen und letzten Endes alle versagten?

Gewaltfreie Eingriffe in den Krieg würden zudem viele Kräfte abziehen, gewaltfreie Eingriffe können so viel Kraft entwickeln, dass das Militär nicht mehr damit umgehen kann. Das mag sich in der Theorie gut anhören und der Beweis, dass es als Taktik funktioniert, steht noch aus. Aber wenn doch klar ist, dass all die Kriege und vermeintlichen humanitären militärischen Aktionen mehr schadeten als der Zivilbevölkerung nutzten (abgesehen vom Nutzen für die Rüstungsindustrie), ist es doch an der Zeit, andere Visionen und entsprechende Strategien zumindest einmal anzudenken? Oder anders gefragt: Wer würde denn weiter ein Unternehmen unterstützen, das jahrzehntelang keinen Erfolg vorweisen kann? Gewaltfreiheit ist kein moralisches Prinzip, sondern eine Strategie, sagt beispielsweise der Enkel Nelson Mandelas, Ndaba Mandela, und in diesem Sinne könnte der Pazifismus vielleicht auch Militärstrategen überzeugen. Bevor wir in der Ohnmacht angesichts der zahllosen militärischen Konflikte verharren und aus Hilflosigkeit schweigen, könnten gewaltfreier Widerstand und ziviler Ungehorsam zumindest Möglichkeiten einer neuen Strategie aufzeigen.

Freie Sicht aufs Mittelmeer skandierte man einst während der Jugendunruhen in Zürich, Löwenzahnsamen wollte man in Mutlangen streuen, damit der Asphalt irgendwann durchbricht, realistisch sein und Unmögliches verlangen – in Alternativen denken, warum nicht statt Dienst an einer Waffe Dienst am Frieden, an wirklich friedenschaffenden und -erhaltenden Maßnahmen. Und die Abschaffung von Waffen als Utopie immer wieder einfordern. Das wäre schon ein erster Schritt, um etwas (wieder) ins Rollen zu bringen.

Endnoten

1 http://www.zeit.de/1995/46/Der_Prozess_gegen_Carl_von_Ossietzky_
1932_- Der_Prozess_gegen_Carl_von_Ossietzky_1932_-

2 ebda. und vgl. Ingo Müller: »Die angeklagte Friedensbewegung. Ein historischer Rückblick«, in: Christoph Butterwegge, Bernhard W. Docke, Wolfgang Hachmeister (Hg.): *Kriminalisierung der Friedensbewegung. Abschreckung nach innen.* Köln: Theurer Verlag, 1985, S. 15–24, S. 18

3 vgl. Friedensforscher Sascha Hach, https://www.heise.de/tp/features/Atom-waffenverbot-Bundesregierung-macht-sich-unglaubwuerdig-3664775.html

4 https://www.ostalbkreis.de/sixcms/media.php/26/Flyer-Bunkeranlagen.pdf

5 Heino Schütte: »Die Geschichte der Mutlanger Heide«, in: Manfred Laduch, Heino Schütte, Reinhard Wagenblast: *Mutlanger Heide. Ein Ort macht Geschichte.* Schwäbisch Gmünd: Remsdruckerei, 1990. S. 7–50, S. 34

6 Heino Schütte: »Rechberger Wallfahrtspfarrer und Mutlanger Schulthes gehörten zu den ersten Streitern«, *Rems-Zeitung*, 28.8.2008, S. 18

7 Heino Schütte: »Die Geschichte der Mutlanger Heide«, in: Manfred Laduch, Heino Schütte, Reinhard Wagenblast: *Mutlanger Heide. Ein Ort macht Geschichte.* Schwäbisch Gmünd: Remsdruckerei, 1990. S. 7–50, S. 43

8 Ingo Müller: »Die angeklagte Friedensbewegung. Ein historischer Rückblick«, in: Christoph Butterwegge, Bernhard W. Docke, Wolfgang Hachmeister (Hg.): *Kriminalisierung der Friedensbewegung. Abschreckung nach innen.* Köln: Theurer Verlag, 1985, S. 15–24, S. 19

9 Theodor Ebert: »Vorüberlegungen zum Widerstand«, in: Jürgen Tatz (Hg.): *Gewaltfreier Widerstand gegen Massenvernichtungsmittel. Die Friedensbewegung entscheidet sich.* Freiburg: Dreisam Verlag, 1984, S.143–159, S. 150

10 Hannah Arendt zitiert den amerikanischen Vizeminister, in: »Ziviler Ungehorsam« (1969), in: Andreas Braune (Hg.): *Ziviler Ungehorsam. Texte von Thoreau bis Occupy.* Leipzig: Reclam Verlag, S. 132–158, S. 145

11 Willhelm Bittorf: »Dann, sage ich, brich das Gesetz«, *Spiegel*, Nr. 42/1983

12 Heino Schütte: »Rechberger Wallfahrtspfarrer und Mutlanger Schultes gehörten zu den ersten Streitern«, *Rems-Zeitung*, 28.8.2008, S. 18

13 *Gegendruck*, Nr. 1/83, S. 7

14 ebda.

15 Reinhard Wagenblast: »Von Congreve zu Pershing – Die Garnisonsstadt Schwäbisch Gmünd«, in: Manfred Laduch, Heino Schütte, Reinhard Wagenblast: *Mutlanger Heide. Ein Ort macht Geschichte.* Schwäbisch Gmünd: Remsdruckerei, 1990, S. 51–84, S. 78

16 Arnim Bechmann: »Umweltzerstörung durch Rüstung – ein Neben-Kriegsschauplatz«, in: Jürgen Tatz (Hg.): *Gewaltfreier Widerstand gegen Massenvernichtungsmittel. Die Friedensbewegung entscheidet sich.* Freiburg: Dreisam Verlag, 1984, S. 25–41, S. 35

17 *Gegendruck*, Nr. 1/83, S. 6

18 Bettina von Clausewitz: *Wer, wenn nicht wir!* Wuppertal: Hammer Verlag, 2016, S. 128

19 vgl. Wilhelm Bittorf: »Dann, sage ich, brich das Gesetz«, *Spiegel*, Nr. 42/1983, S. 50

20 Gert Bastian: »Widerlegt Genf die Friedensbewegung?«, *Rote Revue*, Nr. 64/1985, S. 15

21 Erhard Eppler: »Wir lassen uns nicht einschüchtern!« (Rede in Bonn zur Friedensbewegung), *Rote Revue*, Nr. 60/1981, S. 2f

22 Peter Fröberg Idling: *Pol Pots Lächeln*. Zürich: Unionsverlag, 2015, S. 325

23 vgl. dazu auch den *Spiegel*-Artikel: »Verstand geschärft«, 6.12.1982 [ohne Autorenangabe]

24 *Gegendruck*, Nr. 0/81, S. 12

25 ebda.

26 *Gegendruck*, Nr. 9/82, S. 3

27 »Chronik« in: Volker Nick, Volker Scheub, Christof Then: *Mutlangen 1983–1987: Die Stationierung der Pershing II und die Kampagne Ziviler Ungehorsam bis zur Abrüstung*. Eigenverlag, 1993, S. 201

28 *Gegendruck*, Nr. 6/81, S. 18

29 *Gegendruck*, Nr. 1/84, S. 5

30 Heino Schütte: »Ein Schutzengel fuhr immer mit, wenn die hochbrisanten Raketen-Konvois durch Mutlangen und Gmünd rollten«, *Rems-Zeitung*, 15.8.2008, S. 19

31 *Gegendruck*, Nr. 9/82, S. 16

32 *Gegendruck*, Nr. 6/84, S. 9

33 *Gegendruck*, Nr. 9/82, S. 15

34 Heino Schütte: »Für die Natur zwischen Hornberg und Lindenfeld eine Last, heute ein Segen«, *Rems-Zeitung*, 21.8.2008, S. 17

35 *Gegendruck*, Nr. 3/83, S. 8f

36 vgl. »Bauernverband: Manöverschäden in bisher nicht gekanntem Ausmaß«, *Schwäbische Zeitung*, 30.1.1981 [ohne Angabe eines Autors]

37 Ulmer Ärzteinitiative (Hg.): *Tausend Grad Celsius. Das Ulm-Szenario für einen Atomkrieg*. München: Luchterhand, 1983, S. 13

38 Manfred Laduch: »Vom Nachrüstungsbeschluss zum INF-Vertrag – Politische Entscheidungen und Konsequenzen«, in: Manfred Laduch, Heino Schütte, Reinhard Wagenblast: *Mutlanger Heide. Ein Ort macht Geschichte*. Schwäbisch Gmünd: Remsdruckerei, 1990, S. 85–110, S. 96

39 Hartmut Hanauske-Abel und Gustav Obermair: »Zivilisten haben keine Chance. Unter der Tarnkappe der Katastrophenmedizin wird die ärztliche Versorgung geprobt (1981)«, in: Till Bastian (Hg.): *Friedensnobelpreis für 140000 Ärzte. Dokumente aus der medizinischen Friedensbewegung*. Reinbek: Rowohlt, 1985, S. 65–79, S. 71

40 Susanne Schregel: *Der Atomkrieg vor der Wohnungstür. Eine Politikgeschichte der neuen Friedensbewegung in der Bundesrepublik 1970–1985*. Frankfurt: Campus Verlag, 2010, S. 192

41 ebda., S. 204

42 ebda., S. 214

43 ebda.

44 *Gegendruck*, Nr. 6/82, S. 18

45 *Gegendruck*, Nr. 1/84, S. 20

46 *Gegendruck*, Nr. 3/85, S. 5

47 *Gegendruck*, Nr. 5/82, S. 6

48 Susanne Schregel: *Der Atomkrieg vor der Wohnungstür. Eine Politikgeschichte der neuen Friedensbewegung in der Bundesrepublik 1970–1985.* Frankfurt: Campus Verlag, 2010, S. 197ff

49 ebda., S. 209

50 Tobias Ochsenbein: »Es modert im Bunker des Bundesrats«, *NZZ*, 21.4.2017, S. 51

51 http://www.gsoa.ch/themen/finanzierung-von-kriegsmaterial/informationen/

52 Gudrun Pausewang: *Die letzten Kinder von Schewenborn.* Ravensburg: Ravensburger Verlag, 1983, S. 79

53 ebda., S. 88

54 ebda., S. 124

55 Hans-Joachim Noack: »Lieber die Pershing im Garten«, *Spiegel*, Nr. 28/83, S. 40

56 Ulmer Ärzteinitiative (Hg.): *Tausend Grad Celsius. Das Ulm-Szenario für einen Atomkrieg.* München: Luchterhand, 1983, S. 63

57 Hartmut Hanauske-Abel und Gustav Obermair: »Zivilisten haben keine Chance. Unter der Tarnkappe der Katastrophenmedizin wird die ärztliche Versorgung geprobt (1981)«, in: Till Bastian (Hg.): *Friedensnobelpreis für 140000 Ärzte. Dokumente aus der medizinischen Friedensbewegung.* Reinbek: Rowohlt, 1985, S. 65–79, S. 65

58 ebda., S. 71ff

59 ebda., S. 75

60 ebda., S. 72

61 Ulmer Ärzteinitiative (Hg.): *Tausend Grad Celsius. Das Ulm-Szenario für einen Atomkrieg.* München: Luchterhand, 1983, S. 9

62 ebda., S. 11

63 ebda., S. 14ff

64 ebda., S. 32

65 ebda., S. 57ff

66 Heino Schütte: »Mutlanger Heide als Mekka der Friedensbewegung mit Zerreißprobe zwischen Demonstranten und Bürgern«, *Rems-Zeitung*, 30.8.2008, S. 20

67 Marieluise Beck-Oberdorf: *Friedensbewegung und Widerstand*, in: Jürgen Tatz (Hg.): *Gewaltfreier Widerstand gegen Massenvernichtungsmittel. Die Friedensbewegung entscheidet sich.* Freiburg: Dreisam Verlag, 1984, S. 71–82, S. 77

68 Ulmer Ärzteinitiative (Hg.): *Tausend Grad Celsius. Das Ulm-Szenario für einen Atomkrieg.* München: Luchterhand, 1983, S. 12

69 Manfred Laduch: »Vom Nachrüstungsbeschluss zum INF-Vertrag – Politische Entscheidungen und Konsequenzen«, in: Manfred Laduch, Heino Schütte, Reinhard Wagenblast: *Mutlanger Heide. Ein Ort macht Geschichte.* Schwäbisch Gmünd: Remsdruckerei 1990, S. 85–110, S. 90

70 *Gegendruck*, Nr. 3/83, S. 12

71 ebda., S. 11

72 *Gegendruck*, Nr. 1/83, S. 2

73 Hans-Joachim Noack: »Der unerklärte Frieden von Mutlangen«, in: *Spiegel*, Nr. 36/1983, S. 116

74 Reinhard Wagenblast: »Mutlangen – die große Ausnahme«, in: Manfred Laduch, Heino Schütte, Reinhard Wagenblast: *Mutlanger Heide. Ein Ort macht Geschichte.* Schwäbisch Gmünd: Remsdruckerei, 1990, S. 111–138, S. 121

75 *Gegendruck*, Nr. 8/83, S. 12

76 Heino Schütte: »Mutlangen und Gmünd rund um den Globus in allen Nachrichtensendungen«, *Rems-Zeitung*, 1.9.2008, S. 15

77 Dorothee Sölle: »Gewaltfrei handeln ist ein Akt der Freiheit«, in Jürgen Tatz (Hg.): *Gewaltfreier Widerstand gegen Massenvernichtungsmittel. Die Friedensbewegung entscheidet sich.* Freiburg: Dreisam Verlag, 1984, S. 125–130, S. 127

78 Philipp Baur: »Nukleare Untergangsszenarien in Kunst und Kultur«, in: Becker-Schaum, Gassert, Klimke, Mausbach, Zepp (Hg.): *Entrüstet Euch! Nuklearkrise, NATO-Doppelbeschluss und Friedensbewegung.* Paderborn: Schöningh Verlag, 2012, S. 325–338, S. 334ff

79 vgl. Arnd Henze: »Friedensbewegung 1985. Eine Standortbestimmung aus der BRD«, in: *Neue Wege*, Nr. 79/1985, S. 259–62

80 H. D. Thoreau: *Über die Pflicht zum Ungehorsam gegen den Staat und andere Essays.* Zürich: Diogenes Verlag, 1967, 1973, S. 18

81 Philipp Gassert, Tim Geiger, Hermann Wentker (Hg.): *Zweiter Kalter Krieg und Friedensbewegung.* München: Oldenbourg Verlag, 2011, S. 182

82 Susanne Schregel: *Der Atomkrieg vor der Wohnungstür. Eine Politikgeschichte der neuen Friedensbewegung in der Bundesrepublik 1970–1985.* Frankfurt: Campus Verlag, 2010, S. 120

83 *Gegendruck*, 7/83, S. 4

84 Reinhard Wagenblast: »Mutlangen – die große Ausnahme«, in: Manfred Laduch, Heino Schütte, Reinhard Wagenblast: *Mutlanger Heide. Ein Ort macht Geschichte.* Schwäbisch Gmünd: Remsdruckerei, 1990. S. 111–138, S. 137

85 Susanne Schregel: *Der Atomkrieg vor der Wohnungstür. Eine Politikgeschichte der neuen Friedensbewegung in der Bundesrepublik 1970–1985.* Frankfurt: Campus Verlag, 2010, S. 230

86 ebda., S. 235

87 ebda., S. 239

88 ebda., S. 242

89 Claas Tatje: »Heile Welt«, *ZEIT*, 4.11.2012, http://www.zeit.de/2010/45/Ruestungsbetriebe-Waffenexport

90 *Gegendruck*, Nr. 7/83, S. 17

91 ebda., S. 16

92 *Gegendruck*, Nr. 4/84, S. 4

93 Jürgen Habermas: »Ungehorsam – Testfall für den demokratischen Rechtsstaat. Wider den autoritären Legalismus in der Bundesrepublik« (1983), in: Andreas Braune (Hg.): *Ziviler Ungehorsam. Texte von Thoreau bis Occupy.* Leipzig: Reclam Verlag, 2017, S. 209–228, S. 212

94 Hans-Joachim Noack: »Lieber die Pershing im Garten«, *Spiegel*, Nr. 23/1983, S. 41

95 *Gegendruck*, Nr. 1/84, S. 8f

96 ebda., S. 4

97 »Langmuter«, in: Volker Nick, Volker Scheub, Christof Then: *Mutlangen 1983–1987: Die Stationierung der Pershing II und die Kampagne Ziviler Ungehorsam bis zur Abrüstung.* Eigenverlag, 1993, S. 14

98 *Gegendruck*, Nr. 2/84, S. 8

99 *Gegendruck*, Nr. 4/84, S. 8

100 *Gegendruck*, Nr. 1/84, S. 19

101 *Gegendruck*, Nr. 2/84, S. 14

102 ebda.

103 ebda.

104 »Chronik«, in: Volker Nick, Volker Scheub, Christof Then: *Mutlangen 1983–1987: Die Stationierung der Pershing II und die Kampagne Ziviler Ungehorsam bis zur Abrüstung.* Eigenverlag, 1993, S. 200

105 Hans-Joachim Noack: »Lieber die Pershing im Garten«, *Spiegel*, Nr. 28/1983, S. 41

106 *Zwischen zwei Bildern*, SWR, ausgestrahlt am 21.11.2018, https://www.youtube.com/watch?v=vYHG5zqzpqw]

107 Marieluise Beck-Oberdorf [Grüne]: »Friedensbewegung und Widerstand«, in: Jürgen Tatz (Hg.): *Gewaltfreier Widerstand gegen Massenvernichtungsmittel. Die Friedensbewegung entscheidet sich.* Freiburg: Dreisam Verlag, 1984, S. 71–82, S. 79

108 Jürgen Tatz: »Ziviler Ungehorsam als Bürgerrecht«, in: Jürgen Tatz (Hg.): *Gewaltfreier Widerstand gegen Massenvernichtungsmittel. Die Friedensbewegung entscheidet sich.* Freiburg: Dreisam Verlag, 1984, S. 99–103, S. 99

109 Dorothee Sölle: »Gewaltfrei handeln ist ein Akt der Freiheit« (nach einer Rede in Mutlangen am 30.8.1983), in: Jürgen Tatz (Hg.): *Gewaltfreier Widerstand gegen Massenvernichtungsmittel. Die Friedensbewegung entscheidet sich.* Freiburg: Dreisam Verlag, 1984, S. 125–130, S. 127

110 ebda., S. 129

111 ebda., S. 128

112 Wilhelm Bittorf: »Zerstörungswerk am Zerstörungswerkzeug«, *Spiegel*, Nr. 50/1983. S. 60

113 Daniel Oliver Bachmann: *Petting statt Pershing.* dotbooks.de

114 Barbara Sichtermann, Kai Sichtermann: *Das ist unser Haus. Eine Geschichte der Hausbesetzung.* Berlin: Aufbau Verlag, 2017, S. 25

115 Wilhelm Bittorf: »Dann, sage ich, brich das Gesetz«, *Spiegel*, Nr. 42/1983, S. 37

116 Volker Nick, Volker Scheub, Christof Then: *Mutlangen 1983–1987: Die Stationierung der Pershing II und die Kampagne Ziviler Ungehorsam bis zur Abrüstung.* Eigenverlag, 1993, S. 56

117 Bettina von Clausewitz: *Wer, wenn nicht wir! Weltverbesserer und Querdenker im Gespräch.* Wuppertal: Hammer Verlag, 2016, S. 135

118 Barbara Sichtermann, Kai Sichtermann: *Das ist unser Haus. Eine Geschichte der Hausbesetzung.* Berlin: Aufbau Verlag, 2017, S. 27

119 Herbert Erchinger: »Bezugsgruppensystem und Sprecherratmodell«, in: Jürgen Tatz (Hg.): *Gewaltfreier Widerstand gegen Massenvernichtungsmittel. Die Friedensbewegung entscheidet sich.* Freiburg: Dreisam Verlag, 1984, S. 161

120 David Graeber: *Direkte Aktion.* Hamburg: Nautilus-Verlag, 2013, S. 100ff

121 *Gegendruck*, Nr. 7/83, S. 5

122 Volker Nick, Volker Scheub, Christof Then: *Mutlangen 1983–1987: Die Stationierung der Pershing II und die Kampagne Ziviler Ungehorsam bis zur Abrüstung.* Eigenverlag, 1993, S. 56

123 Heidi Gmür-Schoenenberger: »Zwei bürgerliche Bundesräte stimmen regelmässig mit der Linken«, *NZZ*, 6.5.2017, S. 17

124 Volker Nick, Volker Scheub, Christof Then: *Mutlangen 1983–1987: Die Stationierung der Pershing II und die Kampagne Ziviler Ungehorsam bis zur Abrüstung*. Eigenverlag, 1993, S. 101

125 Jürgen Habermas: »Ungehorsam – Testfall für den demokratischen Rechtsstaat. Wider den autoritären Legalismus in der Bundesrepublik« (1983), in: Andreas Braune (Hg.): *Ziviler Ungehorsam. Texte von Thoreau bis Occupy*. Leipzig: Reclam Verlag, S. 209–228; S. 210

126 Hannah Arendt: »Ziviler Ungehorsam«, in: Andreas Braune (Hg.): *Ziviler Ungehorsam. Texte von Thoreau bis Occupy*. Leipzig, Reclam Verlag, S. 133

127 Ronald Dworkin: »Ethik und Pragmatik des zivilen Ungehorsams«, in: Andreas Braune (Hg.): *Ziviler Ungehorsam. Texte von Thoreau bis Occupy*. Leipzig: Reclam-Verlag, 2017, S. 253–278, S. 259

128 *Gegendruck*, Nr. 9/83. S. 10f

129 Wilhelm Bittorf: »Die Habichte sind im Nest«, *Spiegel*, Nr. 31/1984, S. 51f

130 Daniel Oliver Bachmann: *Petting statt Pershing*. dotbooks.de, S. 129

131 Dieter Lattmann: *Die verwerfliche Alte*. Stuttgart: Radius-Verlag, 1991

132 Volker Nick, Volker Scheub, Christof Then: *Mutlangen 1983–1987: Die Stationierung der Pershing II und die Kampagne Ziviler Ungehorsam bis zur Abrüstung*. Eigenverlag, 1993, S. 134ff

133 Zitat aus Konrad Molls Verteidigungsrede vor dem Amtsgericht in Schwäbisch Gmünd, Museumstafel vor der Pressehütte in Mutlangen

134 Reinhold Weber: »Mutlangen – mit zivilem Ungehorsam gegen Atomraketen«, in: Reinhold Weber: *Aufbruch, Protest und Provokation. Die bewegten 70er- und 80er-Jahre in Baden-Württemberg*. Darmstadt: Theiss-Verlag, 2013, S. 141–164, S. 156

135 *Gegendruck*, Nr. 6/84, S. 10

136 *Spiegel-Geschichte* Spezial: *Kalter Krieg*, Nr. 3/2008, S. 119

137 Petra Schönemann-Behrens: *Alfred H. Fried. Friedensaktivist – Nobelpreisträger*. Zürich: Römerhof-Verlag, 2011, S. 168ff

138 Bettina von Clausewitz: *Wer, wenn nicht wir!* Wuppertal: Hammer Verlag, 2016, S. 88

139 Umberto Eco: *Vier moralische Schriften*. München: dtv, 1999. S. 82

140 Reinhard Wagenblast: »Mutlangen – die große Ausnahme«, in: Manfred Laduch, Heino Schütte, Reinhard Wagenblast: *Mutlanger Heide. Ein Ort macht Geschichte*. Schwäbisch Gmünd: Remsdruckerei, 1990, S. 111–138, S. 136

141 Claudia von Selzen: »Relikte aus dem Kalten Krieg«, *Tagesspiegel*, 10.11.2015

142 Wolfgang Sternstein im Interview mit Zeitschrift *kontext* 2013: https://www.kontextwochenzeitung.de/ueberm-kesselrand/133/30-jahre-hand-in-hand-1786.html

143 Hubert Kleinert: *Vom Protest zur Regierungspartei. Die Geschichte der Grünen*. Frankfurt/Main: Eichborn Verlag, 1992, S. 46f

144 Volker Nick, Volker Scheub, Christof Then: *Mutlangen 1983–1987: Die Stationierung der Pershing II und die Kampagne Ziviler Ungehorsam bis zur Abrüstung*. Eigenverlag, 1993, S. 6

145 vgl. https://www.zeit.de/mobilitaet/2019-08/flugreisende-inlandsfluege-urlaub-geschaeftsreisen-flugscham

146 »Christof Then zum Schluss«, in: Volker Nick, Volker Scheub, Christof Then: *Mutlangen 1983–1987: Die Stationierung der Pershing II und die Kampagne Ziviler Ungehorsam bis zur Abrüstung.* Eigenverlag, 1993, S. 227

147 Heino Schütte: »Für die Natur zwischen Hornberg und Lindenfeld damals eine Last, heute in Segen«, *Rems-Zeitung,* 21.8.2008, S. 17

148 Robert Menasse: »Die Welt in der ich schreibe«, in: *Die Zerstörung der Welt als Wille und Vorstellung.* Frankfurt: Suhrkamp, 2006, S. 30

149 Herfried Münkler: *Kriegssplitter.* Reinbek bei Hamburg: Rowohlt Verlag, 2017, S. 224

150 https://www.srf.ch/sendungen/tagesgespraech/antoinette-maechtlinger-und-das-schweigen-der-friedensbewegung

151 Bettina von Clausewitz: *Wer, wenn nicht wir!* Wuppertal: Hammer Verlag, 2016, S. 126

152 David Graeber: »Einleitung Occupy! Die anarchistische Theorie und Praxis der direkten Aktion« (2012), in: Andreas Braune (Hg.): *Ziviler Ungehorsam. Texte von Thoreau bis Occupy.* Leipzig: Reclam Verlag, S. 305–308, S. 308

153 David Graeber: *Direkte Aktion.* Hamburg: Nautilus Verlag, 2013, S. 28

154 Pankaj Mishra: »Die Welt sitzt in der Falle«, Interview mit Claudia Mäder, 3.4.2018, https://www.nzz.ch/feuilleton/die-welt-sitzt-in-der-falle-pankaj-mishra-zeitalter-des-zorns-ld.1363288]

155 Umberto Eco: *Vier moralische Schriften.* München: dtv, 1999, S. 109

156 Gila Lustiger: Erschütterung. München: Piper Verlag, 2016, S. 140

157 Petra Schönemann-Behrens: *Alfred H. Fried. Friedensaktivist – Nobelpreisträger.* Zürich: Römerhof-Verlag, 2011, S. 356

158 Stéphane Hessel, Roland Merk: *An die Empörten dieser Erde.* Berlin: Aufbau-Verlag, 2012, S. 88

159 Bettina von Clausewitz: *Wer, wenn nicht wir!* Wuppertal: Hammer Verlag, 2016, S. 51

160 Der Essay »Der Langmut von Mutlangen. Ziviler Ungehorsam für den Frieden« erschien in *Wespennest* 172/2017

Dank

Ohne die Zeit und Geduld vieler ehemaliger Aktivisten wäre dieses Nachdenken über die Friedensbewegung damals nicht möglich gewesen. Mein Dank gilt allen voran Volker Nick, der mir immer wieder die komplexe Gemengelage erklärt hat, Lotte Rodi als wichtiger Repräsentantin der Gmünder Friedensbewegung, Christa Schmaus, die mir die Türen zu den Friedensaktivisten von damals geöffnet hat. Ohne das Interesse von Andrea Zederbauer, Redakteurin der Zeitschrift *Wespennest*, an einem Essay zu diesem Thema, hätte ich mich an dieses komplexe Thema vielleicht gar nicht erst gewagt.[160] Wertvoll waren die ausführlichen Telefonate mit Sybille Oker, die mir gezeigt hat, dass sich damals auch »Einheimische« durchaus bewegen ließen vom Frieden und dem Aufrüstungsszenario. Wichtig waren auch die Hinweise von Werner Jany, dem Gründer der alternativen Zeitschrift *Gegendruck,* ohne dessen Arbeit und Engagement es damals keine Gegenöffentlichkeit gegeben hätte. Und ohne diese Zeitschrift hätte dieser Essay auch nicht geschrieben werden können. Danken möchte ich Robert Abzieher, Rainer Schuldt und Valeria Waibel für Zusatzinformationen und dass sie mit ihren Erinnerungen zur Komplexität des Essays beitrugen. Dem Stadtarchiv Schwäbisch Gmünd möchte ich danken für die Einsichtnahme in die Ausgaben des *Gegendruck.* Richard Rohrmoser und Heino Schütte haben mich bei den Recherchen zu diesem Thema ebenfalls unterstützt, dafür möchte ich ihnen danken, und Anneliese Grünfelder sowie Rainer Kehrt, dass sie mir den Rücken für alle meine Recherchen freigehalten haben.

Über die Autorin

Alice Grünfelder, geboren am 16.6.1964, aufgewachsen in Schwäbisch Gmünd und Mutlangen, studierte nach einer Buchhändlerlehre und einem längeren Asienaufenthalt Sinologie und Germanistik in Berlin und China, 1997–99 Lektorin beim Unionsverlag in Zürich, für den sie 2004–2010 die Türkische Bibliothek betreute. Vermittelte und übersetzte Literaturen aus Asien, seit 2010 unterrichtet sie Jugendliche und ist als freie Lektorin tätig. Herausgeberin mehrerer Publikationen, zuletzt *Vietnam fürs Handgepäck* (2012) und *Flügelschlag des Schmetterlings* (2009), zudem Veröffentlichungen von Gedichten, Essays und Erzählungen. Ihr Roman *Die Wüstengängerin* erschien 2018.

Weitere Informationen: www.literaturfelder.com

© 2019 Alice Grünfelder
Edition Weite Felder, Zürich
Herstellung und Verlag: BoD – Books on Demand, Norderstedt
Cover: Unter Verwendung einer Fotografie von
Erika Sulzer-Kleinemeier, die zeigt, wie ein amerikanischer
Lkw bei der Ausfahrt aus der Bismarck-Kaserne blockiert wird.
Korrektorat: Ursula Tanneberger, Berlin
Gestaltung und Satz: Peter Löffelholz, Berlin
3. Auflage, November 2022
ISBN 978-3-75041744-1